Alberto Simone, scrittore, sceneggiatore e regista di cinema e fiction RAI (tra le sue produzioni *Colpo di luna*, *Un difetto di famiglia*, *Il commissario Manara*), alterna da sempre l'attività artistica a quella di psicologo e psicoterapeuta. Dopo un lungo soggiorno negli Stati Uniti, ha ampliato le sue conoscenze nei campi della mindfulness e della *positive psychology*. È specializzato in EMDR, terapia per il trattamento del disturbo post traumatico. Ricercatore ed esperto di filosofie orientali, da anni conduce seminari e workshop formativi e motivazionali ed è creatore del blog *Il bicchiere mezzo pieno*. Dopo *La felicità sul comodino*, grande successo della passata stagione editoriale, ha pubblicato *Ogni giorno un miracolo*.

ALBERTO SIMONE

LA FELICITÀ SUL COMODINO

Piccoli segreti
per vivere meglio ogni giorno

SUPERPOCKET

Per informazioni sulle novità
del Gruppo editoriale Mauri Spagnol visita:
www.illibraio.it

Superpocket è un marchio di
TEA – Tascabili degli Editori Associati S.r.l., Milano
Gruppo editoriale Mauri Spagnol

Prima edizione Superpocket luglio 2019

INDICE

PREMESSA

La Sindrome di Braccobaldo

Per quelli di voi che non sanno ancora cosa sia la Sindrome di Braccobaldo, sconsiglio di andarne a cercare la spiegazione su Wikipedia o sul più aggiornato manuale di psichiatria. Non troverete niente al riguardo, nonostante questa sindrome sia molto diffusa tra tutti gli esseri umani senza distinzione di sesso, razza, provenienza geografica, età, condizione socio-economica o religione.

Io stesso, dopo decenni di studi clinici, osservazioni psicologiche e varie specializzazioni psicoterapeutiche, non ho mai trovato traccia di alcuna descrizione dei suoi sintomi. E questo nonostante tale sindrome colpisca tutti, prima o poi...

Io l'ho scoperta per caso, riconoscendone subito i sintomi in me stesso e in molte persone che conosco. Ma la definizione si deve a uno dei più gravi malati che mi sia capitato di incontrare, il « paziente zero », come di solito viene definito il primo soggetto nel quale si riscontrano le manifestazioni iniziali di una pandemia.

La persona in questione è Roberta, la donna che più amo al mondo, e che è stata per me fonte d'ispirazione per quasi tutto quello che ho scoperto, dal giorno in cui ci siamo incontrati.

Una delle caratteristiche di questa creatura è la sua impossibilità di riservare soltanto a se stessa una scoperta interessante, un momento di gioia, un alito di felicità o uno sprazzo di bellezza. La sua necessità di condivisione è inevitabile, compulsiva e decisamente patologica.

Lo sanno bene i nostri figli. Quando a tavola assaggia qualcosa di buono, Roberta è subito pronta a infilarti la forchetta in bocca, perché anche tu possa provare quello che ha provato lei. Se di notte, ritrovandoci nel nostro letto, stiamo leggendo ciascuno il suo libro, puoi scommettere che di lì a pochi minuti ti rileggerà a voce alta la frase che ha appena letto e che le è piaciuta. E non c'è modo di farle capire che anch'io sono concentrato quanto lei nella lettura del mio libro, perché non mollerà finché non avrai ascoltato quello che l'ha fatta ridere, piangere, riflettere e non so che altro. Ogni scoperta, per lei, ha senso solo se può essere condivisa con qualcuno, quasi che quell'esperienza, anche se vissuta in prima persona, diventasse reale solo in quel momento.

Proprio da un racconto d'infanzia di mia moglie nasce la definizione della *sindrome da condivisione compulsiva*.

Quando eravamo bambini (ahimè, nel secolo scorso) c'era in televisione un momento che tutti i ragazzini della nostra generazione ricordano: si chiamava «La TV dei Ragazzi» ed era un segmento pomeridiano della scarsa programmazione televisiva nazionale dell'epoca, una specie di contenitore di telefilm, cartoni animati, giochi e altri programmi destinati ai ragazzi.

Uno dei cartoni animati era americano, creato dai disegnatori Hanna e Barbera: il *Braccobaldo Show*. Braccobaldo era il nome di un simpatico cane protagonista di innumerevoli comiche disavventure, che tuttavia conservava un inesauribile ottimismo.

Il cartone cominciava con una sigla in cui tutti i personaggi riuniti cantavano: «Siamo tutti qui...» chiamando i piccoli spettatori a raccolta, e si concludeva con l'immancabile verso: «E tutti insieme, vogliam vedere, Bracco-baldo-shooow».

Quello era il programma preferito di Roberta e non se lo sarebbe perso per nulla al mondo. Ma quel *tutti insieme* poneva delle precise condizioni all'imminente divertimento. Così, appena partivano le note della sigla del *Braccobaldo Show*, se i suoi fratelli non erano già lì con lei, la piccola Roberta si allontanava dallo schermo e andava a cercarli: per lei era inconcepibile che non fossero *tutti insieme* in quel momento davanti al televisore a godersi il programma. La loro compagnia, e la condivisione di quel piccolo momento di gioia, era la condizione essenziale per mia moglie affinché quel frammento di felicità fosse davvero tale.

Da qui, la mia scherzosa definizione di Sindrome di Braccobaldo, per lei e per tutti quelli che non possono fare a meno di condividere la loro felicità.

Ora, devo ammettere che, a forza di frequentare un malato tanto grave, la sindrome si è impossessata anche di me! Al punto che, pur avendo fatto della scrittura la mia professione, mai mi sarebbe venuto in mente che un giorno avrei scritto addirittura un libro per parlare di felicità, con il solo scopo di condividere con il maggior numero possibile di persone quel percorso silenzioso e parallelo alla mia professione di sceneggiatore e regista. Un lungo viaggio fatto di studi, frequentazioni, letture, esperienze e conoscenze, alcune anche molto antiche, spesso su strade e percorsi alternativi e meno battuti, che mi ha portato alla scoperta di moltissime cose interessanti e utili su questo tema.

D'altra parte, chi non desidera essere felice? E chi non vuole che le persone che ama lo siano altrettanto? Chi, tra di noi, non ha conosciuto almeno una volta nella propria vita anche un solo istante di felicità?

Non credo che esista al mondo un solo essere umano che, anche nella condizione più negletta e miserabile, non abbia vissuto, almeno una volta, un momento felice.

Magari, poi, passando il resto della vita coltivandone il ricordo e la nostalgia. Perché la felicità appare, ci seduce, ci stordisce e poi se ne va.

Per questo cerchiamo di afferrarla, scattando fotografie, selfie e girando filmini in ogni circostanza festosa, per condividere tutto sui social, con amici, parenti e persone a noi vicine. Naturalmente questa è una felicità transitoria, sulla quale non abbiamo molte possibilità di controllo. Così rara, a volte, da farci pensare che sia solo una chimera, un intervallo più o meno lungo tra due momenti di non felicità.

In queste pagine, invece, parleremo di una felicità possibile e duratura. Una condizione di maggiore libertà e stabilità emozionale, di pace interiore e di compenetrazione totale con l'universo al quale apparteniamo. E lo faremo esplorando insieme quei meccanismi invisibili e spesso subdoli con i quali siamo proprio noi, e nessun altro, a renderci le cose difficili, allontanandoci da una condizione naturale che è quella di saper godere e gioire di tutto ciò che riempie e rende unica la nostra vita.

Utopia? Personalmente, vivendo questa condizione ormai da un po' di tempo, credo di no. Chi mi conosce, o chi da tempo mi segue nelle mie incursioni sui social network, sa bene che è così. E non potrei mai scrivere di qualcosa che non conosco e che non ho sperimentato in prima persona.

Ed è per questo che, letteralmente posseduto dalla Sindrome di Braccobaldo, non posso fare a meno di condividere tutto ciò che ho scoperto e sperimentato con chi è pronto per una irreversibile evoluzione personale, per un'espansione della propria conoscenza della realtà, per entrare in un nuovo stato di coscienza e consapevolezza.

In ognuno dei capitoli di questo libro si nascondono delle lampadine, pronte ad accendersi per ciascuno di voi e illuminare il luogo, spesso mentale, in cui vi trovate in quel momento. Un ritrovato orientamento e una rinnovata visione saranno le condizioni ideali che vi permetteranno di immaginare nuovi percorsi e progettare nuovi viaggi nella vostra esistenza.

Ma a un patto: non sarò io a fare tutto al posto vostro. Come chi ha esplorato un territorio sconosciuto, posso fornirvi le indicazioni del luogo e persino una mappa. Ma il viaggio potete farlo solo voi, in prima persona.

La ricerca della felicità richiede lavoro e applicazione, esattamente come qualsiasi altra disciplina. Richiede volontà, determinazione e a volte anche qualche rinuncia. Ma tutto sarà sostenuto dalla motivazione e dalla chiarezza dei vostri obiettivi. Non vi sembra una sfida che valga la pena cogliere?

Allora, se l'idea di poter essere felici in questa vita non vi spaventa, non vi scandalizza e non è contraria alla vostra religione, il primo passo sarà quello di prendere una decisione, qui e ora. Dovrete stipulare con voi stessi un piccolo contratto e comprendere che nulla in questo mondo può essere raggiunto senza il nostro personale impegno.

Se poi la parola felicità vi spaventa troppo potete sostituirla con qualcosa di meno impegnativo come benessere, serenità, pace, armonia, equilibrio. Non sono proprio sinonimi, ma sicuramente «tappe di avvicinamento» da sperimentare. Perché, credetemi, l'unica vera fatica richiesta in questo percorso è abbandonare il nostro piccolo rifugio fatto di giustificazioni o sfiducia, superando tutte quelle convinzioni negative e autolimitanti che sono diventate gli steccati dentro i quali ci siamo imprigionati senza neppure accorgercene.

Se questo è avvenuto o vi capita ogni tanto è solo perché l'infelicità può disporre di tanti alleati. Il più temibile è quello che le antiche scritture indiane definiscono «la piccola mente»: quella vocina nella testa che non la smette mai di parlarci, giudicando, criticando e svalutando ogni cosa che viviamo o che pensiamo della nostra vita e che ha opinioni spesso negative su tutto, su noi stessi, sugli altri, sulla realtà che ci circonda.

Ora, ad esempio, è probabile che vi stia già dicendo: «Ma figuriamoci! Se la felicità fosse una condizione possibile, perché allora ci ritroviamo in un mondo che sembra nutrirsi di tristezza, infelicità, depressione, fatica, disillusione?» E poi: «E come la mettiamo con tutte le disgrazie che capitano, con tutti i problemi e i conflitti che ci sono nel mondo?» E infine: «E anche se fossimo felici, come possiamo convivere con l'infelicità altrui?»

Quando pensate in questi termini, non c'è dubbio che le cose diventino davvero difficili, per non dire impossibili. A quel punto sarà la *piccola mente* ad aver avuto la meglio sul vostro diritto a cercare condizioni migliori, alla creatività, alla capacità innata che abbiamo di trasformare qualsiasi cosa. Per convincervi che questo è sempre possibile, dovrebbe bastarvi la storia dell'umanità e il suo lunghissimo viaggio su questo pianeta. L'uomo dispone di meravigliose e infinite possibilità di trascendere ogni determinismo interiore o esteriore.

E se vogliamo parlare di felicità, indipendentemente dalle nostre attuali convinzioni, dobbiamo prendere in considerazione risorse che neppure sappiamo di avere e capire che esistono in noi dimensioni immateriali, trascendenti e spirituali, nei confronti delle quali tutti gli ostacoli e le leggi deterministiche non hanno alcun valore e potere.

Se qualcuno, solo poco più di un secolo fa, avesse detto che un giorno l'uomo avrebbe volato come fanno gli uccelli, sarebbe stato considerato un pazzo o un sognatore. Eppure, oggi l'uomo non si accontenta più di volare: ha già archiviato da un pezzo l'atterraggio sulla luna, e sta sognando di vivere un giorno da qualche altra parte in questo sterminato universo.

Mio padre – ne parlerò più avanti – per telefonare in un'altra città, doveva recarsi all'ufficio dei telefoni, consegnare a una centralinista il numero che voleva chiamare e mettersi pazientemente in attesa, finché l'operatrice non avesse chiamato il suo nome indicandogli la cabina dalla quale parlare. Mi chiedo cosa avrebbe pensato, se gli avessi detto che un giorno tutti, compreso suo figlio, avrebbero avuto in tasca un apparecchietto con il quale sarebbe stato possibile comunicare istantaneamente con tutto il mondo, non solo parlando ma anche inviando messaggi, foto, filmini, musica e ogni altro genere di dati.

È per questo che, nonostante tutto ciò che ci circonda possa alimentare tanto la speranza quanto la sfiducia, a me piace pensare che un giorno l'umanità sarà capace di essere davvero felice e grazie a un salto quantico di trovare soluzioni a problemi oggi apparentemente insormontabili, smettendola di guerreggiare per ogni pretesto, ponendo rimedio ai tanti errori commessi e raggiungendo una capacità di convivenza pacifica e di condivisione delle risorse naturali disponibili armoniosa e sostenibile.

Qualcuno ha detto che le persone infelici oltre a danneggiare se stesse finiscono per creare problemi agli altri e a tutto ciò che le circonda. Qualcun altro ha persino rivendicato il diritto sacrosanto a essere infelici. Io rispetto ogni scelta e ogni punto di vista, ma dubito che quel tipo di scelte corrispondano a una vera libertà decisionale. Ogni giorno, nella mia attività terapeutica, faccio del mio meglio per aiutare chi si trova momentaneamente imprigionato in una condizione di infelicità, cercando di offrire conoscenze utili e facilitando la scoperta di risorse personali sconosciute e invisibili, nelle quali io per primo ho fiducia.

Sradicare l'infelicità è essenziale per cambiare il destino di questo pianeta, almeno quanto debellare ogni virus letale, ritrovare la pace tra le nazioni, creare un sistema di sviluppo economico sostenibile.

Ma anche nella sfera personale, sono innumerevoli le ricerche scientifiche che dimostrano come le persone fiduciose e ottimiste risolvano problemi ordinari in minor tempo e meglio di persone disilluse, ciniche e pessimiste. Le persone più felici inoltre possono contare su un sistema immunitario più reattivo, rispondono meglio alle cure e si ammalano molto meno di quelle più infelici.

Ciascuno di noi può rispondere in modo diametralmente opposto al medesimo evento, quindi non ci resta che ripartire da noi stessi, provando a modificare la nostra percezione della realtà in modo più utile, funzionale e positivo possibile.

Scrivere o leggere un libro non sarà sicuramente sufficiente, ma è un inizio e certamente uno dei tanti modi in cui è possibile farlo.

Contando in una rapida diffusione planetaria della Sindrome di Braccobaldo.

A. S.

LA FELICITÀ SUL COMODINO

A Roberta, ai miei figli,
ai miei Maestri

Quello che dai è tuo per sempre.
Quello che non dai è perduto per sempre.

il Corano

Che cosa ti impedisce di essere felice

Diciamocelo chiaramente: se vuoi trovare una ragione per essere infelice, non hai che da scegliere. Nel tuo personale e lunghissimo elenco di cose storte, o semplicemente diverse da come le vorresti, c'è di tutto. Ed è un elenco che ogni giorno puoi arricchire di nuovi argomenti.

Ti illudi di avere il controllo, e ti ritrovi sconfitto quando scopri di non controllare che una minima parte di quello che ti accade.

Se non ti bastano le notizie dei telegiornali, puoi sempre ricorrere agli eventi negativi della tua giornata o del tuo passato. Se anche si tratta di un passato remoto, non importa: quegli eventi stanno ancora lì, a ricordarti quanto ti è accaduto, e concorrono ad alzare nella tua mente limiti, barriere, sensi vietati, che rendono il tuo percorso verso la gioia sempre più stretto e angusto.

Voglio svelarti un segreto. Per quanti programmi, progetti e strategie potrai ancora elaborare, gli eventi negativi non cesseranno mai di accadere. Se non accadranno a te, accadranno a qualcuno che conosci. E se non riguarderanno qualcuno che conosci, avverranno certamente nel mondo in cui vivi.

Ogni giorno sarai potenzialmente offeso, ferito, deluso, frustrato e scoraggiato. Ogni giorno ci saranno problemi piccoli o talmente grandi da farti talvolta rimpiangere di essere nato. Non è così?

Comincia, dunque, col diventare consapevole che, se desideri avere una vera opportunità di una vita piena e felice, occorre smettere di pensare e di agire come se la felicità fosse un intervallo più o meno lungo tra due momenti di infelicità.

La vita ti offre in egual misura ragioni di felicità e di sconforto. Ma la buona notizia è che puoi essere tu a decidere a quali di questi dare maggior spazio, importanza e valore.

Abbandona l'illusione che la felicità arrivi automaticamente quando questo o quel problema sarà risolto, quando quel tale ostacolo sarà rimosso o quando quell'obiettivo sarà raggiunto.

Mentre ti racconti questa favola, la tua vita scorrerà inesorabilmente verso il suo naturale compimento. Questa attitudine della mente non ti farà nemmeno notare le cose incredibilmente belle che pure ti passeranno accanto. O ancora, nasconderà ai tuoi occhi eventi e persone che rendono unica, meravigliosa e irripetibile la tua esistenza.

Comincia allora a rieducare la tua mente, con rinnovato amore verso te stesso, poco alla volta, ogni giorno, riconsiderando e accogliendo anche la più piccola ragione di gioia e amplificandone l'importanza: arriverai presto a maturare la consapevolezza che, nello stesso momento, c'è qualcosa che può andare storto senza che ciò debba cambiare la tua fiducia nella vita e negli altri.

Allena di nuovo il tuo cuore alla gratitudine per quanto di buono c'è nella tua vita, per il semplice fatto di essere vivo, di respirare, fino alla fortuna di essere nato in una parte del mondo in cui certo non mancano i problemi, ma ci sono cibo e acqua in abbondanza. Comincia a dare il giusto valore alle persone che ti sono accanto e ti vogliono bene, che ti apprezzano e che lo farebbero comunque.

Allora imparerai ad accettare che non sempre tutto va bene, ma non permetterai che questo cancelli il tuo naturale diritto a una vita felice, e il piacere di condividere la tua felicità con gli altri.

Tu non sei un pesce

Il nostro universo è regolato da due leggi: non le troverai nei libri di fisica, ma se le conosci e ne terrai conto, la tua vita migliorerà istantaneamente.

La prima legge riconosce che l'universo ha una *natura dualistica.*

Questa legge dice che niente esisterebbe, se non esistesse anche il suo opposto. Chiedi a un pesce cos'è l'acqua. Anche se potesse parlare, non saprebbe risponderti. Il pesce non sa di essere bagnato, perché non ha la più pallida idea di cosa voglia dire essere asciutto. Invece tu, che non sei un pesce, devi tutto ciò che conosci al fatto che ne conosci anche l'opposto.

Sai cos'è la luce, perché conosci il buio.

Sai cos'è il caldo, perché conosci il freddo.

Sai cos'è l'odio, perché conosci l'amore.

Sai cos'è la guerra, perché conosci la pace.

Sai cos'è la malattia, perché conosci la salute.

Dunque, non c'è niente che possa esistere per te, se non esistesse anche il suo contrario. Ma queste opposizioni sono solo un artificio, sono il modo con cui la tua mente fa esperienza del mondo.

La luce e il buio, ad esempio, sono inseparabili. Quando sei immerso nella luce del giorno, il buio non cessa di esistere. Avvolge la parte opposta del pianeta. E da qualche parte, queste due realtà sono unite, sfumano l'una nell'altra, senza soluzione di continuità.

Quindi, nonostante la nostra mente percepisca solo una cosa per volta, esiste un'unica realtà che si manifesta attraverso due aspetti complementari e inseparabili.

La seconda legge è quella dell'*impermanenza*. Questa è più facile da capire: dice che nella vita tutto cambia e niente dura per sempre.

Anche ora nel tuo corpo tutto si sta modificando. Ogni giorno muoiono circa 432 miliardi di cellule e vengono tutte sostituite con cellule nuove, nuovissime, appena nate in questo mondo. Nel giro di quattro settimane tutta la tua pelle sarà rinnovata. E in meno di quindici anni avrai un corpo nuovo che avrà sostituito il precedente.

Dunque, che senso ha riporre la tua fiducia e le tue aspettative in qualcosa che sta già scomparendo o cambiando sotto il tuo naso? Per certi versi, almeno dal punto di vista fisico, tu non sei mai la stessa persona del giorno prima.

A che ti serve sapere tutto questo? Semplice: queste due leggi sono direttamente connesse con la tua felicità.

La prima, quella del dualismo, ti dice che se tu eliminassi dalla tua vita gli eventi negativi, dolorosi, tristi, non conosceresti più niente di piacevole, non apprezzeresti gli aspetti positivi e non potresti mai più essere felice.

Conosco persone che vivono in posti dove non piove mai e il cielo è sempre azzurro. Molti di loro quando viaggiano per andare in vacanza scelgono posti freddi, dove possono indossare un cappotto, bagnarsi ogni tanto sotto la pioggia o toccare la neve. È così anche per eventi più gravi. È dura riconoscergli anche questa sola utilità, ma è così.

Per fortuna abbiamo la seconda legge, quella dell'impermanenza. È grazie a questa legge che sai che quando stai male, anche molto male, non sarà per sempre. Quel male, da qualche parte, vive attaccato al bene. In virtù della legge del dualismo, è destinato a lasciare il posto al suo contrario. Per la legge dell'impermanenza, è destinato a passare.

Questa è la vera natura dell'universo.

Impara presto le regole del gioco, così potrai partecipare attivamente e non solo subirle. Più grande sarà la tua conoscenza, maggiore sarà la tua consapevolezza. E la capacità di andare in surf sulle onde della vita.

Penso che la felicità sia vivere nella gratitudine. Non per qualcosa in particolare, ma per la vita stessa.

Eventi positivi e negativi continueranno ad alternarsi senza sosta, indipendentemente dalla tua pretesa di determinare o controllare ciò che ti accade. Quindi, decidi di vivere nella gratitudine!

Metti da parte per un attimo l'elenco delle cose da fare e quelle da risolvere, verso le quali la tua mente si orienta automaticamente.

Metti da parte il ricordare, o peggio, il ripensare alle cose che non sono andate come volevi, ieri o nel passato, e che ti hanno ferito, deluso, frustrato.

Metti da parte il desiderio che un certo evento accada nel futuro, rendendoti felice.

Sostituisci queste ininterrotte attività mentali, allenandoti a elencare tutte le ragioni per le quali puoi considerarti fortunato, soprattutto quelle che fanno parte della tua vita e che ti sono arrivate senza sforzo o partecipazione da parte tua.

Se il tuo corpo funziona, sei fortunato. Non è per niente scontato e te ne accorgi quando una semplice influenza ti mette a terra. Tutto il resto sparisce, e non vuoi niente altro che stare meglio.

Se hai qualcuno che ti ama, o anche un solo amico che ti è sempre accanto, considerati fortunato. Là fuori è pieno di persone sole che nessuno cerca e che non ricevono una carezza da troppo tempo.

Se c'è del cibo sul tuo tavolo, non è detto che questo dipenda solo dalla tua capacità economica di acquistarlo. In questi anni abbiamo capito quanto siano vulnerabili le nostre certezze economiche e come per molte persone avere anche un solo pasto al giorno sia diventato di colpo un miraggio.

Fai il tuo elenco di quello che rende la tua vita migliore, fallo spesso. Prima di dormire soprattutto, affidandoti al sonno con sentimento di gratitudine.

E quando ti svegli, sii felice di avere l'opportunità di respirare e di avviarti nella giornata con un sorriso e un pensiero speciale: *Io sono l'amato figlio dell'universo.* Scopri la gioia nascosta nella piena accettazione della Vita.

Sai, un neonato può sopravvivere senza cibo anche alcuni giorni, ma non se verrà privato di carezze e contatti fisici. In poche parole, se non riceverà amore. La mancanza di accudimento nei primi giorni di vita può causare gravi e permanenti danni fisici e psichici, e in alcuni casi persino la morte.

L'amore, dunque, soprattutto all'inizio della vita, è molto più importante del cibo, come hanno dimostrato alcuni esperimenti condotti su scimmiette appena nate. Le scimmiette potevano scegliere tra una scimmia-madre di metallo che erogava latte, e un'altra di morbido panno, che non dava alcun nutrimento: sceglievano sempre la scimmia più morbida e più calda, rinunciando al cibo fornito da una madre fredda.

È probabile che anche tu faresti la stessa scelta se ti trovassi nella necessità e nella possibilità di farlo. Il bisogno di ricevere amore è vitale per ciascuno di noi. È attraverso la scintilla dell'amore ricevuto che possiamo comprendere di essere benvenuti in questo mondo, e che siamo degni d'amore e profondamente buoni.

Nel corso della vita il bisogno di amore, accettazione, approvazione, ci induce a modellare il nostro carattere in funzione di una risposta positiva da parte degli altri; un meccanismo legato al bisogno di sopravvivenza, che può farci assumere comportamenti e atteggiamenti che ci allontanano da chi siamo davvero.

Ecco dunque che, in un processo che diviene un vero e proprio baratto, cediamo un po' alla volta la nostra vera identità, sostituendola con un'altra, che riteniamo più adeguata a farci ottenere ciò di cui abbiamo bisogno.

Così, accettiamo come «nostra» un'identità che non lo è, ritrovandoci con un partner sbagliato, a fare un lavoro che non ci piace o a riconoscere come «autentici» valori che non lo sono e che non ci rappresentano affatto.

Per fortuna, a volte accade che la grande sofferenza dell'anima «negata» riesca a svegliarci da questo autoinganno, dando inizio a un non facile e doloroso viaggio di ritorno verso la nostra vera natura.

Alla fine di questo viaggio i più coraggiosi troveranno la loro ricompensa, che è l'aver imparato ad amare se stessi, cominciando a perdonarsi per non essere riusciti a corrispondere a un ideale di perfezione che si era installato nella loro mente, nella falsa convinzione che essere perfetti fosse la sola possibile assicurazione sul ricevere amore, riconoscimento e sostegno.

In realtà non sono la perfezione e il baratto a rispondere ai nostri bisogni, ma solo l'amore per noi stessi, che possiamo riaccendere in un processo di risveglio, consapevolezza e rinascita.

La capacità di comprendere che il bisogno di essere amati è alla base di molti dei nostri errori, ci fornisce la spinta e la motivazione per perdonarci e riparare i danni che abbiamo fatto o che ci siamo procurati costruendoci un falso *Sé*.

Se cercheremo di essere sinceri, autentici, spontanei, riconoscendo i nostri limiti e mostrando al mondo anche le nostre fragilità, forse rischieremo qualche rifiuto, ma solo da chi non ci ama per quello che siamo davvero. In compenso troveremo nuovi amici e la vita ci apparirà più bella, facile e generosa.

E se riconosciamo noi stessi e i nostri bisogni più autentici, sarà più facile comprenderli anche per chi ci circonda.

I falsi amici e i rapporti sbagliati evaporeranno e magicamente cominceranno ad arrivare le risposte di cui abbiamo davvero bisogno, per vivere un'esistenza piena e degna, per realizzare noi stessi e tutto quello che abbiamo sempre desiderato. Il mondo mostrerà la sua capacità di renderci felici, unendo incondizionatamente il suo amore al nostro.

Perché se tu cambi anche il mondo magicamente cambia intorno a te.

La società dei telefoni

Una delle cose più complicate da gestire, per quelli della mia generazione, è dover vivere con un piede poggiato sul terreno di un passato molto lento, e l'altro già sul campo di un futuro troppo veloce.

Faccio un solo esempio. Mi capita di viaggiare molto, ma ovunque mi trovi sono sempre in costante contatto con le persone della mia vita. Comunichiamo tutte le volte che ne abbiamo bisogno, e abbiamo molte opzioni su come farlo: WhatsApp, Skype, Facebook, FaceTime, Messenger...

Possiamo farlo da casa, per strada, in auto, in treno, in aereo. Siamo sempre collegati, sempre connessi.

Eppure, dentro di me, c'è il ricordo di quando – bambino – vivevo in una piccola città del Sud, in Sicilia, e almeno una volta a settimana mio padre doveva telefonare a Milano o a Roma per il suo lavoro.

Anche chi, come noi, aveva a casa un grosso e pesante telefono con un combinatore numerico a rotella, non poteva chiamare fuori città: l'« interurbana » (si chiamava così) si poteva effettuare solo andando fisicamente alla Società dei Telefoni.

Per me era un momento magico, perché potevo accompagnare mio padre a fare le sue telefonate. Bisognava aspettare le dieci di sera, perché da quel momento la tariffa era inferiore. Così, avevo il permesso di stare sveglio più a lungo del solito: « A letto dopo Carosello ».

La Società dei Telefoni era a dieci minuti a piedi da casa nostra, un percorso che facevamo sempre in silenzio, forse perché mio padre preparava dentro di sé le telefonate che avrebbe fatto di lì a poco.

Quando arrivavamo, c'erano sempre altri uomini in attesa, in una sala con grandi poltrone di cuoio. Si poteva fumare, e accanto a ogni poltrona c'era un portacenere a piedistallo con un meccanismo per cui, pigiando su un perno, la cenere e il mozzicone sparivano dentro un contenitore.

Dietro un lungo bancone c'erano delle signorine, le centraliniste: mio padre allungava a una di loro un biglietto con il suo nome e i numeri da chiamare, poi andava a sedersi in una delle poltrone libere, accendendosi una sigaretta.

Tutti aspettavano in silenzio il loro turno. Il silenzio era importante, perché ogni tanto veniva interrotto dalle centraliniste che chiamavano a voce alta il nome di qualcuno, abbinato a un numero. La persona chiamata spegneva velocemente la cicca nel portacenere, e con passo svelto si avviava nella sala accanto, dove c'era una lunga fila di cabine numerate.

Da un inserto di vetro trasparente nelle grosse porte insonorizzate, si vedeva quali fossero libere e quali occupate. Io andavo a giocare entrando e uscendo da quelle libere, che erano anche buie. Quando entravo, un meccanismo nascosto sotto la pedana accendeva la luce all'interno della cabina, e appena chiudevi le pesanti porte sperimentavi un silenzio che era impossibile sentire altrove.

Dentro, un odore di pelle emanava dagli intarsi che coprivano il rivestimento dell'insonorizzazione. C'era una piccola mensola e la cornetta appesa a un gancio.

Quando, in sala, la signorina chiamava il nome di mio padre a voce alta, comunicandogli anche il numero della cabina dove gli avrebbe passato la telefonata, io lo seguivo fino alla porta dove il telefono stava squillando e spesso mi chiudevo con lui lì dentro.

Mio padre faceva le sue telefonate e poi andava a pagare il conto, che variava a seconda della durata delle chiamate. Ripercorrevamo la strada fino a casa. Anche in quel caso non ci dicevamo niente. Forse, lui ripensava alle telefonate appena fatte e ne valutava le conseguenze, sul suo lavoro e sulle nostre finanze.

Io non pensavo a niente di tutto ciò, ero solo felice di quelle piccole avventure notturne insieme a lui.

È morto pochi anni dopo. Io avevo solo 12 anni. Il tempo era ancora lento. E questi ricordi sono perle nel mio cuore.

Che cos'è che chiamiamo realtà

Uno dei cambiamenti più importanti nella mia idea di realtà è avvenuto nel modo più imprevisto e casuale. Era una domenica mattina e mi trovavo nella mia casa di campagna.

Tutta la mia famiglia dormiva ancora e io, appena sveglio, mi ero ritrovato, ancora un po' assonnato e senza ragione alcuna, a fissare un tavolino di legno nel mio studio.

Vedevo quello che vedono tutti. Un oggetto utile, statico e inanimato, con quattro gambe, un ripiano e un bel colore, quando, improvvisamente, fui attraversato da un pensiero bizzarro. Mi ritrovai a immaginare che, se avessi potuto ingrandire per milioni di volte anche un solo millimetro della materia di quel tavolino, avrei osservato miliardi di molecole, atomi e particelle rotanti a una velocità impossibile da percepire a occhio nudo.

Considerai, continuando nel mio futile abbandono speculativo, che contrariamente a quello che mi raccontavano i miei sensi, quel tavolo era tutt'altro che un oggetto solido e statico, così come tutti gli oggetti della stanza, il pavimento, il soffitto, le pareti, l'intera casa.

In un solo istante tutta la realtà intorno a me si era trasformata da una apparenza inerte e immobile a una realtà dinamica e vibrante di energia. In poche parole mi stavo rendendo conto che quello che vediamo e su cui confidiamo era a suo modo, se non una vera e propria illusione ottica e sensoriale, almeno un aspetto parziale di una verità ben più complessa e affascinante.

Insomma, semplicemente dando credito a quello che la scienza ci aveva rivelato ormai da decenni, capivo che la nostra consapevolezza del mondo che ci circonda non è maggiore di quella di una formica rispetto all'esistenza di stelle, pianeti e polvere cosmica.

I risultati delle ricerche di Einstein, Planck e altri fisici ci hanno dimostrato che, oltre un certo limite dimensionale, la materia non appare più tale ma rivela la sua natura originaria di energia pura, visibile talvolta sotto forma di *particelle* e misurabile sotto forma di *onde*, o frequenze vibrazionali. La percezione di cosa sia *davvero* la realtà è dunque al di là delle nostre possibilità sensoriali, ma ciò non significa che la realtà sia inesistente.

Di colpo, quella domenica mattina, la mia visione *materialistica* delle cose aveva lasciato il posto a una visione *energetica*, e le certezze derivate dal visibile avevano dovuto lasciare per sempre il posto a una realtà non meno vera, per quanto *invisibile*.

Purtroppo, nel momento in cui la mia mente accettava questo pensiero anche l'idea di me stesso e dei miei simili doveva necessariamente mutare.

Così come l'universo con cui siamo interconnessi, anche noi non possiamo che essere fatti di molecole, energia, onde, e funzioniamo come qualsiasi campo energetico, dotato di un aspetto vibrazionale che dà origine a una frequenza di campo. Il nostro personale campo di energia, seppure invisibile, si espande intorno a noi e interagisce costantemente non solo con quello delle altre persone, ma con tutto ciò che ci circonda.

Coerentemente con questa visione, potremmo considerarci alla stregua di radio ricetrasmittenti, che emettono e ricevono segnali e li scambiano con gli altri quando sono accomunati dalla stessa modulazione di frequenza.

Questo spiegherebbe, al di là delle cosiddette affinità elettive o di carattere, perché siamo più in sintonia con certe persone che con altre, e potrebbe spiegare anche il mistero e la magia dell'interesse che nutriamo per determinate persone invece che per altre, dell'attrazione fisica che sentiamo per qualcuno e persino il mistero dell'innamoramento.

Affascinante, no? Per quanto mi riguarda, da quella domenica mattina, una visione meno materialistica è entrata a far parte stabilmente della mia concezione della realtà, contribuendo a migliorare non poco la mia vita e quella delle persone di cui mi occupo.

Ma come in una reazione a catena è successo anche altro: quando abbandoni una concezione esclusivamente materialistica dell'esistenza, comunque la pensi in proposito, quello che acquisisci è una visione più spirituale.

La parola *spirito* deriva dal greco e significa «vento». Come il vento, lo spirito è invisibile; come il vento, non possiede una propria dimensione materiale, ma ne riconosciamo l'esistenza nel momento in cui vediamo che muove le fronde di un albero o le nuvole nel cielo.

Allo stesso modo lo spirito, l'energia invisibile e immateriale che abita in noi, manifesta la sua esistenza attraverso il corpo. E dallo stato di equilibrio e di salute del corpo possiamo risalire tanto alle cause del benessere e della felicità, quanto agli squilibri e alle distorsioni che si sono realizzati al livello della nostra dimensione spirituale, che precede e dà vita alla materia.

Ti invito quindi a non accontentarti di quello che vedi: accettare il fatto che la realtà non è solo quello che percepisci con i sensi, bensì qualcosa di più complesso, profondo, giocoso, dinamico e affascinante. Ed è molto più ricca e capace di rispondere ai nostri bisogni in modi creativi e imprevedibili, se solo glielo permettiamo.

La felicità con la F maiuscola

Spesso mi si obietta: «Come si può essere felici di fronte alle catastrofi e alle sofferenze del mondo? Come si può essere felici vivendo a contatto con l'infelicità di chi ti sta vicino, della società o del mondo intero?»

La felicità alla quale sono interessato non è legata a contingenze esterne ed emozioni mutevoli, fuori del nostro controllo. Il dolore, la povertà, la violenza, la separazione, la sofferenza, la malattia e la morte sono parte integrante della nostra esistenza, sono inevitabili, sicché una felicità basata sulla momentanea assenza di queste circostanze naturali è una felicità precaria.

Di certo si presenterà ogni volta che raggiungerai i traguardi e gli obiettivi che ti eri prefissato, oppure quando vivrai eventi e situazioni gratificanti. Purtroppo, però, quando otterrai ciò per cui hai lottato, avrai anche paura di perderlo, compromettendo così la stessa felicità raggiunta. Oppure ti accorgerai che l'appagamento del desiderio non era la risposta che cercavi alla tua insoddisfazione e ti sentirai spinto ad avere sempre di più.

La vita trascorrerà nell'alternanza tra il piacere della conquista e il dolore della sconfitta e della perdita. E questo modo di vivere, fondato su principi impermanenti, non eviterà il senso di vuoto per cui, a parte intervalli di felicità più o meno brevi, continuerai a essere insicuro e insoddisfatto.

L'altro tipo di felicità, quello che mi interessa, è indipendente da qualunque condizione esteriore. Esiste ed è sempre esistita dentro di te, a prescindere da qualsiasi evento. Scorre come il sangue nelle vene, sorge dalla coscienza di essere vivi, di esistere e vibrare in questo mondo, in questo momento.

È una felicità innata e istintiva, che non puoi controllare, come non controlli il tuo respiro e il battito del cuore, la crescita delle unghie o dei capelli, il sorgere o il tramontare del sole o l'alternarsi delle stagioni.

È una felicità sempre disponibile. Ti accompagna prendendo forza dalla consapevolezza che gli eventi buoni e cattivi sono temporanei, mentre il flusso dell'esistenza, che abita in te, è inarrestabile e ti sostiene da sempre in ogni singolo istante della tua presenza in questo mondo, permettendoti di attraversare difficoltà, dolori e persino tragedie, per scoprirti alla fine anche più forte di quegli stessi eventi.

Ma soprattutto è una felicità collegata all'abbandono dell'idea ricevuta di non essere abbastanza, di non meritare amore, fortuna e abbondanza, che non ci sia condizione o luogo dove tu possa sentirti completamente al sicuro.

Per accedere a una Felicità che è tua per diritto di nascita devi conquistare la certezza che tu sei perfetto e completo, ora! Che non sei solo e separato da ciò che ti circonda. Che la tua vita è un dono e che sei sempre in contatto con la sorgente di tutto, nutrito e sostenuto da regali incredibili, senza alcun contributo o sforzo da parte tua.

Solo sperimentando tutto ciò, e a partire da questa nuova consapevolezza, sarai in grado di accettare avversità ed eventi negativi come parte inevitabile del gioco della vita, riuscendo persino a individuarne un senso.

Tutto questo avviene quando ti lasci andare, quando accetti e rinunci alla tua pretesa di controllo, contemplando la bellezza e la perfezione suprema del mondo di cui fai parte. Ogni volta che ti connetterai al flusso inarrestabile della vita, ti sentirai parte di esso e sarai immediatamente sopraffatto da un immenso sentimento di gratitudine, sperimentando concretamente l'eterna e infinita felicità di esistere.

Se guardo agli eventi più drammatici della mia vita, e non sono stati pochi, non posso fare a meno di leggervi questo messaggio di potenza, di luce e di amore, che non mi ha mai abbandonato nel cammino.

La felicità con la F maiuscola è semplicemente il riconoscere in me stesso questa forza, questo senso di appartenenza e questo amore incondizionato. Quando sono immerso in questa condizione di beatitudine, non ho più alcun bisogno di negare il dolore e la sofferenza.

E riconosco di poter essere felice in ogni circostanza, anche mentre una parte di me è impegnata a fronteggiare le alterne vicende dell'esistenza.

La mente negativa

Sapevamo già che la mente si orienta verso informazioni ed emozioni negative, attratta da cattive notizie, disastri, conflitti. Se così non fosse, nessuno guarderebbe più i telegiornali né leggerebbe i quotidiani. Per non parlare dei talk show, dove galli e galline di ogni specie, sapientemente chiusi nel recinto televisivo, animati da ego smisurati e da insaziabile vanità, si attaccano, si scontrano, si insultano, cercando una vana ed effimera supremazia verbale e qualche minuto di vanagloria. E, mentre il pubblico si divide tra compiacimento e repulsione, l'indice di ascolto sale.

Questa attrazione verso il peggio non è originata da stupidità e autolesionismo, ma da primitivi meccanismi di sopravvivenza della nostra specie: per i nostri progenitori, la conoscenza di eventi negativi era importante per sviluppare strategie difensive e cercare di prevenire disastri peggiori.

Oggi non è più necessario, ma il cervello arcaico continua a funzionare esattamente come milioni di anni fa, con il risultato che siamo interessati a tutte le manifestazioni negative che accadono intorno a noi, nell'illusione che, avendone conoscenza, possiamo imparare a prevenirle ed evitare che ci tocchino direttamente.

Alcune recenti ricerche scientifiche hanno dimostrato come le cattive notizie, una volta arrivate a noi, perdurino a lungo nella nostra mente. Viceversa, le buone notizie, le esperienze positive e i loro effetti benefici, durano purtroppo molto meno.

In pratica il nostro sistema operativo ritiene più utile e conveniente trattenere le esperienze peggiori, anche sotto forma di cattive notizie ed emozioni negative, che non le cose buone, anche quando ci procurano energia positiva e benessere.

Ma c'è qualcosa di ancora più grave. Mentre stiamo vivendo un'esperienza positiva e gratificante, che favorisce in noi una visione ottimistica della vita, se ci capita un evento negativo cambiamo molto velocemente opinione. Al contrario, quando siamo in uno stato d'animo negativo è molto più complicato liberarcene e cambiare prospettiva, anche di fronte a un nuovo evento di segno positivo.

Tutto questo è stato dimostrato cronometro alla mano e non ci resta che prendere atto di come funzioniamo: la mente negativa è sempre in agguato e in cerca di conferme delle sue buone ragioni.

Immaginiamo una situazione concreta nella vita reale nella quale forse molti potrebbero riconoscersi. Ti hanno regalato un nuovo maglione di puro cashmere. Ti piace ogni aspetto, dal colore, alla morbidezza, alla tessitura. Hai deciso di indossarlo a una festa di amici e tutti ti fanno i complimenti per come ti sta bene. Vai in bagno, ancora sorridente per i complimenti ricevuti, e, guardandoti allo specchio, scopri improvvisamente un piccolo difetto, un filo tirato o una macchiolina in un punto nascosto. Il tuo umore cambia repentinamente. Quel difetto compromette l'integrità e la qualità del regalo ricevuto e tutta la felicità provata e i complimenti ricevuti sono spariti dalla tua attenzione. Torni alla festa preoccupato che qualcuno possa notare il difetto. Intorno a te la festa va avanti e tutti continuano a invidiarti il tuo bel maglione nuovo. Ma la felicità per il regalo ricevuto è compromessa. Non è così? Forse non lo è per te ma ti assicuro che conosco un sacco di gente che vive con questa attitudine, e probabilmente anche a te verrà in mente qualcuno che conosci sempre pronto a vedere il lato negativo delle cose.

Cosa ce ne facciamo di queste conoscenze e osservazioni? Be', intanto possiamo essere certi che, se vogliamo una vita migliore e più soddisfacente, non ci resta che prendere atto che la nostra mente non è così disposta ad aiutarci.

Dobbiamo quindi fare uno sforzo in più per educarla e allenarla a comportarsi diversamente, con la pratica. Dobbiamo intenzionalmente notare, valorizzare e soffermarci più a lungo possibile sugli eventi positivi della nostra vita, e cercare di scovare sempre l'aspetto favorevole nascosto, anche nella più dura delle esperienze negative.

Ma soprattutto, quando la nostra mente sprofonda nella palude della negatività, dobbiamo imparare ad accorgercene il più presto possibile per provocare un repentino cambiamento di stato nel nostro livello energetico.

Come? Cambiando argomento, cambiando canale, ricercando il rapporto con la natura, muovendo il corpo, facendo cose che ci fanno stare bene, frequentando persone positive, guardando un film che ci fa ridere, ascoltando la musica che ci piace, alimentandoci in maniera sana e nutrendo il nostro spirito di bellezza...

In poche parole, evitando di cercare conferme alle nostre convinzioni negative, che, se non le alimentiamo, non potranno condizionare la nostra visione complessiva della vita. E insieme a questa buona pratica, imparando a porre l'attenzione sugli aspetti positivi che ci riguardano, volendoci più bene con il *cuore,* rieducando e riorientando la mente alla gratitudine per tutto quello che arricchisce la nostra vita.

Le cose che danno senso alla vita
sono quelle che non puoi comprare

Tutto ciò che si può comprare ha una durata e una disponibilità limitate, non è accessibile a tutti e per sua natura è impermanente. Quindi, per quanto gli oggetti possano durare, se ci affidiamo ai beni materiali, la nostra felicità sarà costantemente minacciata.

Pensieri, emozioni, sentimenti, sogni, creatività, ispirazione, coscienza, intuito, fede, conoscenza, consapevolezza sono invece beni immateriali, intangibili, invisibili.

Non si pesano, non si misurano, non si vendono e non si comprano al mercato, sono disponibili per chiunque in qualsiasi momento, in quantità inesauribili.

A pensarci bene sono le cose immateriali quelle sulle quali potrai sempre contare e le sole che danno senso e pienezza alla tua vita.

È facile star bene quando le cose vanno bene

La vera arte di vivere è stare bene anche quando le cose non vanno come vorremmo.

Star bene quando le circostanze sono avverse non vuol dire essere pazzi, scollegati dalla realtà, anestetizzati alla sofferenza, allo sconforto o al dolore.

Star bene anche quando le cose vanno male vuol dire non rinunciare mai alla speranza che, presto o tardi, andranno meglio.

Vuol dire avere dentro di noi la certezza che qualunque circostanza della vita è destinata per sua natura a passare.

Dinanzi a un'onda che ci investe, soprattutto se è molto potente, non possiamo opporre resistenza. In quel momento è più forte di noi. Può anche rovesciare la barca e tenerci sott'acqua per un po'.

Ma se abbiamo maturato la consapevolezza che il suo destino è quello di passare, andando oltre, mentre il nostro è quello di restare, allora anche sott'acqua sappiamo che presto torneremo a galla, e quello che è capitato sarà solo un brutto ricordo.

E se anche quel ricordo dovesse tornare potremo renderlo meno ostile attraverso la pratica dell'accettazione, un atteggiamento utile in moltissime circostanze, ma in particolare in quelle in cui rimpiangere il passato o dirsi che le cose sarebbero potute andare diversamente non è più di alcuna utilità.

Il genio della lampada

Ogni mattina al tuo risveglio c'è un genio che esce fuori da una lampada e ti dice: « Buongiorno padrone, ogni tuo desiderio è un ordine. Dimmi cosa vuoi che faccia per te ».

Solo per pochi secondi sei perfettamente e meravigliosamente libero. Le tue possibilità di essere ciò che vuoi, fare qualunque cosa, prendere qualunque decisione, sono intatte. Puoi persino ricordarti dei sogni di un tempo e decidere di realizzarli.

Uno stato di autentica grazia.

Questa condizione però non dura che pochi istanti. Perché in brevissimo tempo, proprio come fa il tuo computer, cominci a caricare nella tua mente il vecchio sistema operativo nel quale hai programmato non solo le tue potenzialità ma soprattutto i tuoi limiti. Quel software che si è formato un po' alla volta nel corso della tua vita, e che ora ti dice chi sei e cosa farai del tuo futuro.

Così, in pochi istanti, diventerai esclusivamente il tuo indirizzo, la tua città, la tua età, il tuo lavoro, la tua famiglia, i tuoi amici, il tuo titolo di studio, i tuoi ricordi, i soldi o i debiti che hai in banca, i vestiti che hai nei cassetti e nell'armadio, la tua casa, la tua auto, il tuo cellulare, il tuo computer, il tuo televisore.

Può darsi che tutto questo ti vada bene e sia ciò che desideri.

Ma se non è così, è perché ogni giorno, un po' alla volta, sei stato limitato, ingabbiato, «definito» secondo termini creati dalle esperienze del passato e dagli insegnamenti che ti hanno lasciato. Tutto questo ha ristretto inevitabilmente le tue potenzialità e la tua libertà.

Rapidamente dimenticherai che sei sempre libero di scegliere e di cambiare la tua vita in ogni momento e in ogni direzione che ti possa far sentire più felice e realizzato.

Il genio che avrebbe potuto riportarti in una condizione di libertà se ne tornerà dentro la lampada, convinto che tu non abbia alcun bisogno di lui.

Spesso, la mancanza di felicità nella tua vita non è causata da avverse condizioni e circostanze esterne, ma dai limiti che ti sei autoimposto, dall'insieme delle tue identificazioni, che altrettanto spesso sono il risultato dei condizionamenti e delle aspettative che ti circondano, da quando sei nato.

Probabilmente hai creduto che corrispondere, o reagire, a queste aspettative fosse lo scopo della tua vita. Hai creato nuove identificazioni e attaccamenti per rispondere ai condizionamenti familiari, sociali, economici, politici, culturali, religiosi del tuo tempo.

Hai fatto tutto questo per sopravvivere, per essere accettato, per essere amato. E hai fatto benissimo. Non c'era altro modo.

Ma oggi, se qualcosa nella tua vita non ti piace, se non sei felice così come sei e con quello che hai, allora vuol dire che tutto questo non ti serve più.

Sei infelice perché senti di non avere più la possibilità di scegliere e non sai come liberarti. Perché quegli apprendimenti sono il bozzolo che ti sei costruito intorno da solo, imprigionandoti.

Allora, svegliati!

Ricordati che non sei nato per essere un bruco, ma una bellissima farfalla!

Se lo capisci, puoi uscire dal tuo bozzolo e volare via, come è nelle tue possibilità.

Ricorda che lo scopo della tua vita non è soddisfare le aspettative degli altri, ma è riconoscere il vero Te, ovvero quell'essere racchiuso e nascosto dietro tutte le false identificazioni e le scuse che hai collezionato, e che sono la causa del tuo inspiegabile dolore esistenziale.

Lo scopo della tua vita è comprendere che sei venuto al mondo con un progetto da scoprire e da realizzare. Al servizio e in sintonia con tutto ciò che ti circonda.

Ma non sei obbligato a farlo. La natura concede a tutti i semi le stesse potenzialità. Solo pochi diventano frutti. Gli altri marciscono e rientrano nel ciclo energetico dell'indistinto.

La consapevolezza è la conquista che aiuta a staccarti e differenziarti dall'indistinto. La decisione è il motore del cambiamento.

Comincia con il dedicare più tempo e attenzione alla conoscenza di te stesso e della tua vera natura. Quando avrai scoperto il tuo progetto, avrai capito il senso della tua vita. Allora niente potrà allontanarti e distoglierti dallo scopo per cui sei nato davvero! Questo, e niente altro, ti renderà felice.

Trova le tue risposte, trova la tua strada, trova le tue alleanze.

Fai della tua vita un'opera d'arte.

Niente è separato in natura

Quando, molti anni fa ormai, frequentavo le scuole elementari, ricordo sulle copertine di alcuni quaderni dei disegni colorati e affascinanti che rappresentavano le più importanti conquiste dell'epoca in campo scientifico.

Quelle copertine comunicavano a noi scolari, in un clima di generale fiducia e ottimismo, come l'uomo si stesse avviando verso un radioso futuro, sostenuto da scoperte e conoscenze scientifiche che ne avrebbero migliorato l'esistenza.

Un disegno raffigurava un razzo con la coda infuocata proiettato verso un cielo scuro e stellato. Un altro rappresentava, in un cerchio festoso e colorato, tutti i pianeti che compongono il sistema solare.

E naturalmente in una di quelle indimenticabili copertine c'era lui, l'*atomo*, il simbolo della più elevata forma di conoscenza scientifica raggiunta dall'uomo nello studio della materia. Era raffigurato come una simpatica pallina intorno alla quale ruotavano velocissime delle minuscole sfere colorate.

La parola *atomo* significa «indivisibile» e viene da lontano. Quattrocento anni prima di Cristo, in Grecia, il filosofo Democrito lo aveva chiamato così, descrivendolo come la componente ultima e indivisibile della materia.

Come tutti sappiamo, Democrito è stato smentito qualche millennio dopo, nel modo purtroppo più devastante e distruttivo, dalle bombe *atomiche* lanciate dagli americani sulle città giapponesi di Hiroshima e Nagasaki.

Gli uomini avevano scoperto che l'atomo era divisibile, eccome! E provocandone la scissione potevano sprigionare immense e devastanti quantità di energia, calore e radioattività. L'energia atomica ha poi trovato anche applicazioni civili molto discusse, ma sicuramente più utili e meno distruttive.

Più recentemente, a partire dalla fine del secolo scorso, altre scoperte scientifiche hanno gettato nel caos molte delle certezze alle quali la fisica era, da non molto, approdata. Le formule di Einstein sull'energia, sul comportamento della luce e sulla curvatura dello spazio hanno scompaginato i fondamenti della fisica newtoniana che, pur spiegando una parte considerevole della realtà, *in realtà* non possono spiegare tutto, specialmente se si scende al livello di osservazione dell'infinitamente piccolo.

Nel nostro microcosmo, infatti, non solo si scopre che esistono particelle miliardi di volte più piccole del più piccolo atomo conosciuto, ma che quelle stesse particelle si comportano con modalità tuttora inspiegabili, perché possono sparire e riapparire da un apparente *nulla*.

Può sembrare che tutto ciò riguardi soltanto la ricerca scientifica - una piccola comunità internazionale di individui che passano l'esistenza tra formule complicatissime, rinchiusi nelle viscere della terra -, ma se vuoi sapere in che modo le scoperte della ricerca riguardino anche noi, seguimi ancora un po' nel racconto di una delle più incredibili e affascinanti scoperte di questi ultimi decenni.

Entanglement

Osservando il comportamento di quelle particelle infinitesimali che sembrano sorgere dal nulla e da un mondo totalmente immateriale, i ricercatori si sono ritrovati davanti a una verità sorprendente.

In un ormai famoso esperimento, hanno osservato che una collisione tra due di quelle particelle dà vita ad altre particelle che, essendo nate da uno stesso evento, hanno caratteristiche identiche e per questo vengono definite *gemelle*.

Attraverso un complicato intervento elettromagnetico, le hanno separate l'una dall'altra per analizzarne individualmente il comportamento. Hanno quindi provato a invertire solo a una delle due particelle gemelle il senso di rotazione (*spin*).

Quello che è accaduto è ancora oggi qualcosa che la nostra mente ha difficoltà a capire e ad accettare: la particella che era stata separata e isolata dall'altra, e sulla quale non è stato operato alcun intervento, quando alla gemella è stato invertito il senso di rotazione, ha simultaneamente invertito il suo.

Puoi immaginare lo stupore degli scienziati che hanno osservato e poi ripetuto questo esperimento più volte, sempre con lo stesso identico risultato.

Come fa una delle due particelle a sapere cosa sia accaduto all'altra e come fa a comportarsi nello stesso modo?

Simultaneamente vuol dire che non c'è nemmeno il tempo perché l'informazione che parte da una delle due particelle possa viaggiare nello spazio fino a raggiungere la sua gemella e ordinarle di cambiare il suo senso di rotazione.

Come può accadere? Come fanno a comunicare tra loro? Che cosa le unisce?

Non ci sono ancora risposte a questo fenomeno, ma c'è un nome: *entanglement*, ovvero una forma di comunicazione che produce un comportamento identico tra due entità separate nel tempo e nello spazio. In altre parole, l'esperimento ha dimostrato che le cose più vicine a noi e quelle più lontane possono rivelarsi totalmente interconnesse e in comunicazione tra loro, scambiandosi informazioni in continuazione.

Una delle ipotesi è che quella separazione sia solo illusoria e che esista in realtà un *campo unificato* nel quale coesistono tutte le parti che vediamo separate, e che tutto questo non sia regolato dal caos ma si comporti in modo intelligente, ordinato, perfetto.

Queste scoperte, tanto affascinanti quanto sconcertanti, ci riguardano molto da vicino, perché non c'è alcun dubbio che, anche se in modi a volte poco comprensibili, anche noi siamo parte di questo universo, con cui condividiamo le leggi che lo governano e ogni elemento costitutivo. A un certo livello dimensionale molto sottile anche noi siamo totalmente interconnessi con tutto ciò che ci circonda.

Tutto ciò era già stato immaginato nelle più antiche scritture conosciute, i *Veda,* composti in India oltre tremilacinquecento anni fa.

Anche Buddha ne ha parlato, duemilacinquecento anni fa, spiegando che nell'universo ogni cosa che esiste è interdipendente da tutto il resto ed è sottoposta alla legge universale di causa ed effetto.

E anche lo psicologo Carl Gustav Jung, per spiegare fenomeni di sincronicità, intuizioni e coincidenze, ha ipotizzato l'esistenza di un *inconscio collettivo*, che somiglia incredibilmente a quella *teoria del tutto* o del *campo unificato* postulata da Einstein.

Ora che anche la scienza è giunta alle stesse conclusioni della spiritualità, della filosofia e della psicologia, è arrivato il momento di riconsiderare come tutto questo possa riguardarti.

Certo, come essere umano, hai dei limiti percettivi per poterlo osservare e comprendere, ma questo spiegherebbe molte cose, come le intuizioni, le coincidenze, le telepatie, le risonanze e le empatie, che ti fanno vivere in un costante interscambio con i tuoi simili.

Potresti anche dover riconsiderare la tua stessa idea di solitudine, una dimensione che appartiene certamente all'Io e alla sfera psicologica, ma che viene confutata dalla tua effettiva e indissolubile appartenenza e partecipazione attiva a tutto ciò che ti circonda.

Per essere solo dovresti infatti essere separato da qualcosa o da qualcuno, ma è una condizione che a quanto pare la natura non ha previsto come possibile. Quello che ti fa sentire solo è l'ennesimo inganno della tua mente, una delle molte illusioni che scambiamo per realtà.

Mi è capitato personalmente di superare questo inganno, prima di tutto ponendomi domande nuove, le cui risposte hanno finito per mettere in discussione la mia stessa esperienza della solitudine, prima vissuta come tutti come separazione, esclusione o abbandono, e poi sostituita con un nuovo e autentico senso di appartenenza, indipendente dalle condizioni fisiche e materiali in cui posso trovarmi.

Esperienze pratiche come la meditazione e una ricerca spirituale non dogmatica o ritualistica mi sostengono ogni giorno lungo questo cammino di crescita personale e nella ricerca di una completezza all'interno di una realtà che ora guardo con occhi nuovi.

Spero che seguendo la mia ispirazione possa farlo anche tu.

La felicità nascosta

Un giorno gli dei si accorsero che gli uomini che avevano creato erano troppo felici. Riunitisi in consiglio cominciarono a discuterne.

« Dove andremo a finire di questo passo! » disse uno. « Se continueranno a essere troppo felici non avranno più bisogno di noi. » Un altro aggiunse: « Non ci temeranno più e neppure ci pregheranno ». Tutti annuirono, estremamente preoccupati.

Dopo un acceso dibattito, si ritrovarono d'accordo sull'unica cosa da fare: rubare agli uomini la felicità, nascondendola dove non sarebbe stato più possibile per loro ritrovarla.

Ma nacque subito un nuovo problema. « La felicità è davvero difficile da nascondere. Dove la mettiamo? »

Dopo un attimo di disorientamento, uno degli dei

propose: « Mettiamola in fondo al mare, non possono nuotare fino a lì e così non la troveranno mai ».

« No, gli uomini sono troppo intelligenti. Prima o poi inventeranno sommergibili per attraversare gli abissi e la troveranno. »

Un altro disse: « Mettiamola nel cielo, non sanno volare e di sicuro lì non ci arrivano ».

« E se poi inventassero macchine che volano e che solcano i cieli e lo spazio? »

Restarono così, a pensare accigliati a una soluzione al problema.

Uno di loro, che sembrava il più vecchio e il più saggio, di colpo si illuminò e disse, trionfante: « Nascondiamola dentro il loro cuore. Sarà certo l'ultimo posto dove la cercheranno! »

Gli dei, conoscendo gli uomini, capirono che era davvero la soluzione giusta e si congratularono con lui per la brillante idea. E così fecero.

È da quel giorno che gli uomini cercano la felicità perduta tra le mille cose del mondo, senza guardare mai nell'unico posto dove la troverebbero davvero!

Ti sei reso conto di quanta gente si lamenta quotidianamente?

Sono sicuro che, come me, ogni giorno ascolti lamentele di ogni genere da persone scontente di quello che non va nel mondo, nella loro vita, negli altri e a volte anche in se stesse.

D'altra parte, chi vuole lamentarsi non ha che l'imbarazzo della scelta. La realtà ci offre infinite occasioni e argomenti sui quali esercitare la nostra capacità di lagnarci.

Ma ci sono due verità che non possiamo ignorare: 1) Lamentarci non cambia le cose; 2) Dopo averlo fatto, o aver ascoltato le lamentazioni degli altri, ci sentiamo peggio di prima.

C'è inoltre un aspetto meno conosciuto, ma non meno vero e importante: lamentarsi crea nell'organismo una reazione biochimica tossica, e ha un'influenza negativa persino sul sistema immunitario.

Ma allora perché continuiamo a comportarci in un modo tanto improduttivo? E perché ci esponiamo alle lamentele degli altri, senza sottrarci a qualcosa che dopo pochi secondi ci farà stare anche peggio?

La ragione sta nel funzionamento della nostra mente e negli apprendimenti codificati, quando ancora il software della nostra vita era in via di scrittura e programmazione. All'inizio della vita l'unico modo che avevamo per ottenere soddisfazione ai nostri bisogni era il pianto. A nessun neonato è mai venuto in mente di esprimere la fame e di chiedere di essere nutrito attirando l'attenzione con una bella risata.

Il nostro istinto di sopravvivenza ci porta a reagire ai bisogni piangendo perché, quasi sempre, qualcuno si prenderà cura di noi e farà qualcosa per farci stare meglio.

Appena sviluppata la capacità di parlare, il pianto si trasforma in parole (lamentose) e cominciamo a esprimere tutto quello che non va, che non ci piace, che ci disturba o ci fa soffrire, sempre convinti che, come accadeva un tempo, arriveranno i soccorsi.

È facile richiamare alla mente la scena di un bambino che fa i capricci e di un genitore che, pur di farlo smettere, lo accontenta. Andando avanti nella vita, però, questa strategia funziona sempre meno.

Da adulti è sempre più difficile avere a disposizione figure di accudimento a cui rivolgere le nostre lamentele, nella speranza di un cambiamento.

Qual è dunque l'alternativa a tutto questo? Cosa puoi fare?

Il primo passo è diventare consapevole di come funziona la tua mente e di come reagisce il tuo subconscio davanti a un problema o un ostacolo. Notare che ti stai lamentando ti dà la possibilità di riprendere il controllo sulla tua vita.

Il secondo passo è mettere in pratica alcune piccole prescrizioni: quando ti rendi conto che stai cominciando a lamentarti di qualcosa, fermati un istante e chiediti se ti va di stare peggio, perché è quello che succederà dopo la brevissima soddisfazione che proverai sfogandoti.

Terzo passo: evita accuratamente le persone che si lamentano e che ti usano per scaricare la loro insoddisfazione. Chi si lamenta ti contagerà con il suo pessimismo e la sua negatività. A questo proposito il Dalai Lama dice: «Se qualcuno cerca un cestino per buttare la sua immondizia fa sì che non sia la tua mente». Se ti trovi quindi in una situazione del genere, interrompi gentilmente i tuoi interlocutori e sottraiti all'esposizione delle loro lamentele.

Quarto passo: agisci prima che parole o pensieri negativi prendano il sopravvento nella tua mente. Chiediti se c'è qualcosa che puoi fare in prima persona per risolvere quello che non ti piace e, una volta trovata la risposta, passa all'azione.

Quinto passo: comincia a pensare a te stesso come una persona positiva, creativa, costruttiva, capace di assumersi le proprie responsabilità e prendere in mano il proprio destino.

Sono sicuro che se sei arrivato in fondo alla lettura di questo capitoletto, e se lo vorrai, la tua vita potrà cominciare a cambiare in meglio da questo stesso momento.

Se vuoi davvero salvare il mondo

Se lo scopo della tua vita è salvare il mondo, puoi farlo in due modi.

Prendendo su di te tutta la sofferenza che esiste, condividendo ogni dolore e portando la croce sulle spalle fino alla cima di una montagna infinita; lottando per cancellare gli eventi negativi, le ingiustizie e le circostanze avverse; rinunciando a ogni premio o gratificazione che la vita ti offre, sentendoti in colpa per ogni cosa buona che ti capita.

Oppure danzando sulle note della canzone del tuo cuore, accettando l'invito allo stupore e alla meraviglia per lo spettacolo che ti circonda, onorando e perseguendo spudoratamente la realizzazione della tua vera natura; ricercando la gioia in ogni cosa che ti proponi di fare, mettendo te stesso senza riserve a disposizione del progetto divino e dello scopo che ti ha riservato, quando ti ha donato i tuoi speciali talenti.

Ti accorgerai che, mentre fai tutto questo, il mondo intorno a te finalmente guarisce!

Una volta sorridevi quattrocento volte al giorno

Alcuni scienziati hanno recentemente osservato che un bambino in età preverbale sorride spontaneamente, in media, quattrocento volte al giorno, un adolescente, diciassette, un adulto, quasi mai!

Visto che a nessuno piace vivere in un mondo senza sorrisi, viene allora da chiedersi cosa provochi la progressiva sparizione del sorriso dalle nostre facce.

La mia convinzione è che disimpariamo a sorridere quando impariamo a preoccuparci. Non so voi, ma io non ho mai visto nessuno « sorridere preoccupato ». La preoccupazione e il sorriso non possono coesistere.

Intendiamoci, c'è una preoccupazione sana e utile, ed è quella che vive in noi per il breve tempo necessario a prevenire problemi o progettare l'azione da compiere di fronte a eventi che richiedono la nostra attenzione e il nostro agire.

Ma c'è anche un altro tipo di preoccupazione, che invece è una specie di automatismo, che anticipa e prefigura nella nostra mente eventi forse probabili ma in realtà inesistenti.

Con il tempo questo tipo di preoccupazione si trasforma in una vera e propria dipendenza, proprio come quella causata da droghe, alcol o farmaci, occupando la mente in modo permanente e ossessivo. E, come tutte le dipendenze, richiede di essere alimentata.

Come? Inventando sempre nuovi motivi di preoccupazione.

Naturalmente non ci comportiamo così solo per farci del male e senza una ragione. La spiegazione del nostro essere sempre più preoccupati sta nel fatto che, procedendo nella vita, accanto a esperienze piacevoli e gratificanti, cominciamo inevitabilmente a collezionare anche esperienze negative. La paura che quegli eventi possano accaderci di nuovo - e il desiderio naturale di evitarlo - ci portano sempre più spesso a *pre-occuparci* di quello che potrebbe avvenire in futuro.

Ma questo tipo di preoccupazione raramente ci mette al riparo dagli eventi negativi. E quello che deve accadere, alla fine, accade lo stesso.

Possiamo allora fare qualcosa per sorridere di più e preoccuparci di meno? Io sono convinto di sì e per fortuna è molto più semplice che smettere di fumare o di drogarsi.

Un paio di anni fa, il giorno del mio compleanno, mi sono svegliato pensando: « Oggi compio gli anni, che regalo voglio farmi? » Non so perché, ma la risposta che mi sono dato è stata: « Oggi voglio regalarmi un'intera giornata senza preoccuparmi. Qualunque cosa accadrà, anche se fosse negativa, la accoglierò e la affronterò, ma non mi preoccuperò ».

E così è stato.

La cosa sorprendente è stata scoprire che, passata la giornata di festa, il giorno dopo e quello dopo ancora, il « regalo » che mi ero fatto era ancora lì!

Così ho continuato nel mio proposito di non sprecare energie con preoccupazioni inutili con un discreto successo, e con molti evidenti vantaggi per il mio modo di affrontare la vita.

Se vogliamo dunque tornare a sorridere, non dico

quattrocento volte al giorno, ma almeno più di quanto non facciamo oggi, dobbiamo iniziare a disintossicarci dal meccanismo stesso della preoccupazione e liberarci dal suo automatismo.

Per farlo, bisogna diventare consapevoli della sua presenza e cominciare a rendersi conto della sua più totale e assoluta inutilità.

I bambini vivono ed esprimono le loro emozioni liberamente. Non le reprimono e non temono di essere giudicati. Ridono, si arrabbiano, piangono disperati e, quando sono felici, non riescono a stare fermi dalla contentezza. Nella loro vita c'è poco spazio per le preoccupazioni.

Anche per noi, quando eravamo bambini, tutto quello che accadeva era straordinario e ci riempiva di meraviglia. La vita era come l'invito a una festa, a uno spettacolo di clown, a una fantasmagorica rappresentazione di eventi, luci e suoni.

Ora invece, oltre a preoccuparci senza motivo, non ci stupiamo più di niente. La natura compie miracoli ogni giorno davanti ai nostri occhi, e noi non ce ne accorgiamo neppure. Ci svegliamo, respiriamo, il nostro cuore batte. Il miracolo della vita ricomincia ogni giorno, anche se non lo notiamo, e senza alcun contributo particolare da parte nostra.

Non è già abbastanza per ritornare a sorridere?

Insomma, se solo lo vogliamo, nulla è perduto. Nemmeno il nostro sorriso.

Basta soltanto che da oggi, ogni volta che ci accorgiamo di essere preoccupati per qualcosa, decidiamo con determinazione di voler fermare il logorio della nostra mente. Se riconosceremo le preoccupazioni inutili e smetteremo di alimentarle, una immensa quantità di energia si renderà nuovamente disponibile per noi.

E con quella energia potremo affrontare davvero ogni ostacolo più serio e reale!

Ci assumeremo consapevolmente delle responsabilità e agiremo più concretamente nel mondo.

Sarà grazie a quell'energia recuperata che impareremo di nuovo a sorridere, come sapevamo fare tanto tempo fa!

Quattrocento volte...

Vuoi cambiare la tua vita? Comincia a farlo per dodici ore

Solo per oggi cercherò di vivere alla giornata, senza voler risolvere i problemi della mia vita tutti in una volta.

Solo per oggi avrò la massima cura del mio aspetto: vestirò con sobrietà, non alzerò la voce, sarò cortese nei modi, non criticherò nessuno, non cercherò di migliorare o disciplinare nessuno, tranne me stesso.

Solo per oggi sarò felice, nella certezza che sono stato creato per essere felice non solo nell'altro mondo, ma anche in questo.

Solo per oggi mi adatterò alle circostanze, senza pretendere che le circostanze si adattino ai miei desideri.

Solo per oggi dedicherò dieci minuti del mio tempo a sedere in silenzio ascoltando Dio, ricordando che come il cibo è necessario alla vita del corpo, così il silenzio e l'ascolto sono necessari alla vita dell'anima.

Solo per oggi compirò una buona azione e non lo dirò a nessuno.

Solo per oggi mi farò un programma: forse non lo seguirò perfettamente, ma lo farò. E mi guarderò dai due malanni: la fretta e l'indecisione.

Solo per oggi saprò dal profondo del cuore, nonostante le apparenze, che l'esistenza si prende cura di me come nessun altro al mondo.

Solo per oggi non avrò timori. In modo particolare, non avrò paura di godere di ciò che è bello, e di credere nell'Amore.

Posso ben fare, per dodici ore, ciò che mi sgomenterebbe se pensassi di doverlo fare tutta la vita.

Papa Giovanni XXIII

Tu sei già tutto

Tra le molte faccende che angustiano la vita degli esseri umani ce n'è una particolarmente insidiosa, e addirittura funzionale per chi vuole impegnarsi a fondo nel costruire la propria infelicità.

Si tratta di un sentimento comune, ricorrente e assai diffuso nella vita delle persone. Per alcuni, poi, si tratta di una vera patologia invalidante, che svaluta ogni traguardo raggiunto e le infinite ragioni di gioia che la vita ci regala ogni giorno.

Sto parlando di quello stato d'animo che prende il nome di *insoddisfazione*. Ne sai qualcosa?

Be', se sei così fortunato da non sapere nemmeno di cosa sto parlando, allora forse ti basterà aprire gli occhi e guardarti intorno: ne troverai tracce ovunque. Molto vicino, se si tratta del tuo partner, di un parente o di un amico. Ma anche più lontano, se guardi come si muove un'intera società alla continua ricerca della prossima cosa da acquistare, del prossimo obiettivo da raggiungere o del prossimo partner da sedurre.

Il potere dell'insoddisfazione è che, quando ti contagia, attecchisce in ogni ambito della tua vita: sul lavoro, nel rapporto di coppia, tra amici, nella famiglia, nel conto in banca.

Ma soprattutto colpisce la tua stessa identità (e questo è il caso più grave): tutte le volte che sei insoddisfatto proprio di te, quando pensi magari di non essere abbastanza, di essere in sovrappeso, o troppo basso, o di avere un pessimo carattere, o di non avere sufficienti qualità, competenze, denaro, successo, amicizie, notorietà, per emergere nella vita e realizzare i tuoi sogni.

L'insoddisfazione è uno degli strumenti di autosabotaggio più potenti e micidiali di cui ci siamo dotati. Naturalmente non sto parlando di quella quota di insoddisfazione che nasce da situazioni oggettive, e che anzi può essere il motore di una ricerca evolutiva o del miglioramento di una condizione esistenziale, sia essa economica, professionale o legata alla salute o al proprio mondo affettivo.

Mi riferisco, invece, a quel sentimento che, con la sua sola presenza, impedisce la valorizzazione di ciò che effettivamente siamo o che abbiamo raggiunto nella vita, spesso a costo di sacrifici.

La buona notizia è che la terapia contro questa particolare condizione è già inclusa nel sistema di cui sei dotato. Si tratta solo di andare a leggere una certa pagina del manuale che non conoscevi, o che hai scorso troppo in fretta. In quella pagina c'è scritto che la tua insoddisfazione, a qualunque campo tu la stia applicando, dice prima di tutto una cosa molto precisa: che per qualche motivo non stai realizzando il tuo vero progetto di vita.

Quando ti trovi in questa condizione, ogni traguardo o possedimento, anche le cose più prestigiose e socialmente invidiabili che puoi ottenere, sono costruite sulla sabbia se non affondano le loro fondamenta nel terreno solido della tua vera natura.

In quella natura c'è già tutto ciò che vuoi e puoi raggiungere, e soltanto nella sua piena realizzazione possono esserci felicità e soddisfazione autentiche.

Se ad esempio sei un'arancia, allora il tuo compito sarà produrre il succo d'arancia e permettere agli altri di berlo e goderne pienamente. Nel momento in cui quel buon succo si trasferisce da te al mondo, tu avrai realizzato il compito che ti è stato assegnato, senza alcuno sforzo particolare. E nella tua vita non potrà esserci più spazio per l'insoddisfazione.

Ma se come arancia tu volessi manifestare il succo di pera o di mirtillo, convinto magari che piaccia di più o che ce ne sia più richiesta, allora non soltanto tradirai la tua missione, ma ti condannerai all'insoddisfazione spendendo la tua esistenza nel vano tentativo di soddisfare le aspettative del mondo piuttosto che restare fedele alla tua stessa natura.

Sostituisci dunque la tua insoddisfazione con la convinzione che tutto ciò che puoi essere, avere o diventare in questa vita non è fuori e lontano da te ma è già parte di te fin dalla nascita. Allora ripartirai dal senso di pienezza, per realizzare i tuoi sogni e obiettivi, piuttosto che cercare di essere o avere ciò che va di moda.

È molto importante, perché alla radice dell'insoddisfazione c'è sempre un sentimento di mancanza o di incompletezza. Quello che ti manca, però, non si trova nel mondo materiale, ma esattamente al centro del tuo essere, dal quale potresti esserti allontanato.

Quando sei insoddisfatto quello che ti manca sei tu.

Quando invece indirizzi i tuoi sforzi prima di tutto nel conoscerti e sapere chi sei per manifestare ciò che ti appartiene da sempre, un senso di soddisfazione di pienezza, e persino di felicità, si impadronirà di te.

È solo questione di tempo e di consapevolezza.

Tu sei ciò che provi

«Odiare qualcuno è come bere del veleno sperando che lui muoia.»

Questa affermazione di Gandhi non è vera soltanto sul piano filosofico e morale, ma oggi sappiamo che è vera più che mai anche sul piano fisiologico. La ricerca scientifica ha dimostrato quanto le nostre emozioni influenzino profondamente il nostro stato fisico e mentale.

Attraverso la produzione di alcuni neurotrasmettitori ogni nostra emozione è in grado di influenzare profondamente e potentemente la nostra condizione psicofisica, tanto da trasformarci in ciò che stiamo provando!

In altre parole, per i meccanismi che governano la nostra fisiologia, nel momento in cui io provo rabbia per qualcuno o per qualcosa, io divento la rabbia stessa.

Se provo rancore, io divento il rancore. Se provo odio, sono l'odio!

E ciò che sono influenzerà oltre alla mia fisiologia anche l'ambiente in cui mi trovo.

Pensa a una rimpatriata tra vecchi amici: allegria, battute, risate e spensieratezza. Improvvisamente suona il campanello e arriva un ritardatario. Entra nella stanza arrabbiato, perché gli hanno appena portato via la macchina con il carro attrezzi. L'atmosfera cambia in maniera repentina. Quella persona, anche se si asterrà dall'esprimere ciò che prova in maniera esplicita, restando magari a rimuginare in un angolo su quello che gli è capitato, influenzerà le emozioni di tutti gli altri perché in quel momento lui *sarà* la sua rabbia.

E finché quella emozione non muterà, sarà quasi impossibile che la riunione possa continuare nell'allegria e nella spensieratezza di prima.

Capire questo ha un valore enorme. Se riusciamo a comprendere come *funzioniamo*, possiamo anche riuscire a *cambiare* il rapporto che intercorre tra le nostre emozioni, i nostri pensieri e il nostro corpo.

Una maggiore consapevolezza ci consente di interagire in maniera attiva e responsabile con ciò che ci accade, invece di restare soggetti passivi e spesso succubi del nostro mondo emozionale. Con un po' di allenamento possiamo diventare sempre più abili nel comprendere cosa ci sta accadendo in conseguenza di una certa emozione, riuscendo ad assumere il controllo della situazione e a modificare intenzionalmente il nostro stato.

Questo tipo di conoscenza e di consapevolezza offre molti vantaggi. Pensa, ad esempio, che tutto quello che avviene dentro di noi in virtù delle emozioni negative, succede anche per quelle più piacevoli e positive.

Immagina lo sguardo di una madre che ha appena partorito, nel momento in cui le mettono tra le braccia per la prima volta la sua tanto desiderata creatura! Quella donna non prova amore, stupore o gratitudine. Quella donna *è* l'amore, lo stupore, la gratitudine.

Grazie a precisi e ben conosciuti processi biochimici, tutta la nostra fisiologia viene influenzata dalle emozioni positive e benefiche, e noi diventiamo fisicamente quelle emozioni.

Se io provo fiducia in me stesso e negli altri, io sono la fiducia. Se provo amore, per qualcosa o qualcuno, io sono l'amore. Ma non solo.

A livello sottile, le tue emozioni hanno una precisa frequenza vibrazionale. E trovandoci tutti immersi nello stesso campo elettromagnetico, il mio stato, la mia condizione fisiologica, la mia vibrazione, influenzeranno potentemente l'ambiente in cui mi trovo e le persone che entreranno in contatto con me e viceversa.

È quello che succede a ognuno di noi quando si trova vicino a persone entusiaste, carismatiche e positive. O, ancora di più, quando ha di fronte una grande personalità o un grande maestro. Queste persone sono quello che provano e influenzano con il loro stato fisico, emozionale e spirituale tutto ciò che le circonda.

Ciascuno di noi può fare lo stesso, riconoscendo le proprie emozioni negative, scegliendo consapevolmente di non alimentarle. Ma possiamo fare ancora meglio, promuovendo e coltivando in noi stessi emozioni, pensieri e convinzioni positive.

Così facendo influenzeremo la nostra fisiologia, migliorando anche la salute. E, diventando ciò che proviamo, influenzeremo l'ambiente intorno a noi e le persone con le quali entreremo in contatto, creando in questo modo un contagioso campo di energia positiva!

Ecologia delle parole

Forse non lo hai notato, ma le parole hanno una forza straordinaria.

Una sola parola, pronunciata in un luogo qualsiasi della terra, può scatenare una guerra a migliaia di chilometri di distanza.

Una parola detta in un certo momento tra due fratelli, due amanti, due amici, può provocare la fine di quella relazione, prolungando gli effetti per anni.

Le parole sono misteriose, e forse ancora non conosciamo abbastanza il loro potere. Per questo ne facciamo un uso spesso disinvolto, spregiudicato. E il più delle volte non siamo nemmeno consapevoli delle loro conseguenze.

«Sono solo parole», diciamo, ma ce ne sono alcune che non hanno neppure bisogno di essere pronunciate: basta pensarle perché ci investano con tutta la loro deflagrante potenza, o influenzino il nostro umore e i nostri pensieri per ore, per giorni.

Una parola buona può scioglierti in un pianto irrefrenabile, commuoverti o elevarti nella gratitudine.

Una parola cattiva può ferirti più profondamente di una lama o di un proiettile, e lasciare quella ferita nell'impossibilità di rimarginarsi.

Una parola può farti ammalare e anche morire, un'altra ti guarisce restituendoti la vita.

Le parole sono una realtà potente ed efficace, indipendentemente dal significato: la loro vibrazione produce una frequenza e qualità, creando risonanze o distonie, che precedono il senso compiuto.

Ci sono parole che sono state importanti per una certa epoca e poi sono state messe da parte. Parole potenti in grado di esprimere cose grandi. Parole come «misericordia» o «provvidenza» ci parlano di quando non pensavamo di sapere tutto o controllare ogni cosa, e cercavamo parole per affidarci a una realtà superiore.

Oggi abbiamo parole nuove: Internet, wireless, network, smartphone, globalizzazione. Sono parole che ci accompagneranno a lungo. Ma saranno soltanto quelle pronunciate da tua madre per consolarti mentre piangevi, o per accompagnarti nel buio del sonno al quale non volevi arrenderti, che risuoneranno per te con una forza straordinaria.

Le parole sono importanti. Le parole che pensiamo e quelle che pronunciamo. Ma anche le parole che ascoltiamo.

La parola « grazie » è bellissima. La parola « amore » è una delle più potenti. La parola « sì » può aprirti il cuore ed espandere la tua anima. La parola « no » può chiudere entrambi per sempre.

Ci sono le parole pronunciate da anime grandi che hanno effetti incredibili e senza tempo.

Le parole scelte e pronunciate da Buddha: « compassione », o da Gesù: « perdono »; la parola di Gandhi: « pace », e quella di Madre Teresa: « servizio ». Quella pronunciata da Nelson Mandela: « uguaglianza », e da Martin Luther King: « sogno ».

La parola di Papa Giovanni XXIII: « bontà ».

Sono ancora tutte lì, a disposizione dell'intera umanità, con gli stessi effetti di sempre.

Le parole sono magiche. Sceglile con cura. Quelle

che scegli per descrivere la realtà sono quelle che creano la tua realtà; quelle che scegli per definire te stesso creano i limiti dentro i quali ti stai costringendo.

Cambia le tue parole e cambierai la tua vita.

Comincia a essere consapevole delle parole che usi. E poi decidi di scegliere quelle che ti fanno bene, che ti accarezzano, ti consolano, ti incoraggiano.

Non utilizzare e non ascoltare le parole che ti fanno stare male. Se ascolti o leggi parole che non ti piacciono, evitale; non nutrirle, non esserne complice, allontanati, fai in modo che il discorso cambi direzione e volgilo al positivo.

Per curare noi stessi, la nostra anima e anche la salute, dobbiamo prenderci cura del nostro linguaggio e dei nostri pensieri.

Chi parla male, vive male.

Dobbiamo creare una nuova *ecologia* delle parole. Ritrovare parole antiche e inventarne di nuove, se necessario.

Perché una parola giusta al momento giusto può cambiarti la vita, ma anche salvare il mondo.

Siamo della materia di cui sono fatti i sogni

C'è tanta gente che si vanta di essere realista, concreta, razionale. Se con queste persone parli di realtà immateriali, sorridono.

La verità è che la maggior parte delle cose e degli eventi che fanno parte della nostra vita sono immateriali, e vivono nella nostra mente.

Di tutto il tempo che passiamo immersi nei nostri pensieri, nel dialogo interiore ininterrotto, ben poco trapela nel mondo reale diventando visibile a chi ci è accanto.

Mi capita ogni tanto di parlare di cure integrative o complementari con dei medici allopatici. Non di rado queste cure, come l'omeopatia o la fitoterapia, si fondano sui valori energetici e sulle frequenze vibrazionali dei principi attivi che utilizzano. Mentre ne descrivo gli effetti e ne racconto l'utilità, vedo subito apparire sui loro volti quel sorrisetto, misto di scetticismo e sufficienza. Ma li capisco, loro credono in ciò che vedono: la realtà scientifica dei dati misurabili e ripetibili.

Ma se chiedo loro di dirmi che cos'è un semplice pensiero, che colore ha, quanto pesa, di cosa odora, a che velocità si sposta nello spazio, dove nasce e quando muore, non sanno cosa dire.

Cosa resta delle loro certezze scientifiche, se levo loro i pensieri?

Per fortuna molti tra loro sanno bene che anche il più elementare processo di guarigione, ad esempio da una banale influenza, viene condizionato dalle nostre emozioni e dalla nostra volontà di guarire, dalla fiducia che riponiamo nel nostro medico o nei farmaci che assumiamo.

Fiducia, volontà: dimmi di cosa sono fatte e di cosa stiamo parlando.

Pensa a come le emozioni o i sentimenti che provi possono orientare e persino determinare le tue scelte. Pensa a cosa ha potuto creare l'amore di tua madre per te, il tuo provare entusiasmo per un progetto o un incontro che ti aspetta, sentire dentro di te la spinta potente di un ideale da seguire.

Allora devi riconoscere che tutto quello che fai nella vita, nello spazio e nel tempo, tutta la realtà materiale che vedi e che vivi è fortemente influenzata da una realtà immateriale dalla quale tutto nasce.

Il mondo che ci circonda, le strade, le case, le auto, Internet, i social network, gli aerei e persino i satelliti... tutto, prima di diventare reale, è stato sognato da qualcuno. Cerca di fare buon uso di queste nuove conoscenze. Ad esempio, pensando alla vita e al futuro che vuoi e che si realizzerà solo se sostenuto da ingredienti invisibili come la tua fiducia e il tuo ottimismo.

Allo stesso modo le tue convinzioni negative, le preoccupazioni, le paure che ti accompagnano per tutto il giorno limiteranno le tue potenzialità e la possibilità di vivere la vita che desideri.

Coltivare convinzioni, pensieri ed emozioni positive, per quanto intangibili, potrà regalarti davvero una vita più bella, piena e degna di essere vissuta.

Limita, dunque, la permanenza delle convinzioni negative nella tua mente.

E dai invece più fiducia a te stesso, e più spazio ai tuoi sentimenti, alle emozioni e soprattutto ai tuoi sogni.

Perché è proprio così facendo che hai ottime possibilità che si realizzino davvero.

La casa in cui nasciamo

C'è una cosa che gli ultimi cento anni di psicoanalisi e psicoterapia ci hanno dimostrato fin troppo chiaramente: nasciamo tutti in una situazione imperfetta.

Ci sono accoglienze e mancanze. Più spesso, mancanze.

Arriviamo in una casa metaforica più o meno accogliente, quasi sempre danneggiata, a volte gravemente e forse, in quel momento, incapace di accoglierci davvero.

Di solito, per la prima parte della vita, non ci accorgiamo degli spifferi, delle mura lesionate o di un tetto che fa acqua. Siamo così pieni di vita, di ingenuità, di purezza autentica. Tutto ci appare naturale. Non siamo in grado di percepire cosa sta avvenendo in noi a causa dei danni della casa in cui abitiamo.

Non abbiamo termini di paragone e c'è una forza

difficilmente contrastabile: la potenza della vita, che pretende di esprimersi attraverso la crescita. La vita che è gioco. Il futuro, che è come un oceano infinito dove tutto sarà possibile.

Poi, usciamo dalla nostra casa e cominciamo a capire che non siamo tutti uguali, che c'è qualcosa di diverso e di specifico in noi. Perché il confronto con gli altri è la prima vera occasione per conoscerci.

La nostra adolescenza, il momento più difficile. Le conseguenze di quegli spifferi, della mancanza di sicurezza e di protezione, cominciano a farsi sentire nella nostra emergente e fragile identità.

Gli altri, i nostri compagni, sono lo specchio deformante nel quale ci guardiamo e rispetto al quale definiamo il nostro valore. Quello specchio determina anche il nostro modo di reagire.

O ci sentiamo come la nostra casa: un po' fragili, difettosi, incompleti; oppure la rinneghiamo, inventandocene una su misura, più funzionale, ma del tutto immaginaria.

Finalmente adulti, in un modo o nell'altro, arriva il momento di scegliere. Dimenticare non funziona.

Ma nemmeno identificarci con quelle mancanze e quei danni è una soluzione.

Possiamo scegliere di vivere nel rancore, pretendere un infinito risarcimento per le ferite e gli insulti, per ciò che non ci è stato dato. Cercare il riscatto o la vendetta per i nostri bisogni traditi. Acquistare sempre più forza e potere. Iniziare a costruire nuove case, fortificate, impermeabili al dolore, alle emozioni e ai ricordi, inespugnabili.

Queste scelte però si rivelano poco efficaci, e il prezzo da pagare, sempre più alto. Le nostre scelte non ci rendono felici che per pochi istanti.

Le conseguenze sulla nostra vita, e su quella di chi ci sta vicino, sono quasi sempre drammaticamente dolorose. Nonostante i nostri successi, sentiamo dentro di noi un'insoddisfazione crescente. Durante il cammino, ma soprattutto in fondo alla strada, ci aspettano infelicità e solitudine.

Si può cambiare strada, volendo. Forse si può trovare una soluzione più efficace. Invece di dimenticare, o di andare il più lontano possibile, proviamo a tornare indietro per un tratto di strada, proviamo a conoscere meglio quella vecchia casa dove siamo nati.

Tornare indietro spesso fa male, ma quasi sempre aiuta a scoprire che ciò che nei ricordi sembrava così grande, in realtà, ora che siamo cresciuti, è molto più piccolo. Ciò che appariva terribile, in realtà può essere affrontato senza troppo sforzo.

Conosciamo la nostra forza e le nostre risorse, adesso. E scopriamo una inconfutabile verità su noi stessi: che siamo stati in grado di resistere a tutte le intemperie. Scopriamo addirittura che molte delle nostre qualità, delle nostre risorse attuali, sono proprio il frutto dei difetti e delle mancanze di quella casa.

Possiamo allora cercare di conoscerla meglio. Capire perché fosse così malandata, accettare che, pur con tutti i suoi problemi, ha cercato di proteggerci, che non ci è estranea e che può accoglierci ancora tutte le volte che ne abbiamo bisogno.

Possiamo anche volerle un po' di bene, e iniziare con pazienza a riparare i danni che abbiamo trovato e che si sono trasferiti dentro di noi. In questo sforzo di riparazione, scopriamo la nostra creatività. E una volta compresa questa capacità riparativa, che dentro di noi è infinita, nulla può farci più paura.

Siamo in grado di costruire la nostra nuova casa futura, che somiglierà un po' a quella che ci ha accolto e nella quale siamo cresciuti, ma che avrà meno problemi, difetti, mancanze. E che, anche se non è perfetta, un po' ci assomiglia.

Questa nuova casa ci piace davvero. Ci piace il modo in cui l'abbiamo saputa edificare e arredare: luminosa, spaziosa e accogliente. Pronta per ospitare e mostrare la parte migliore di noi stessi, rendendola disponibile a chiunque lo voglia.

Perché quella casa, ora, siamo noi. Davvero.

Il senso degli eventi negativi

Programmare e cercare di controllare il nostro futuro e quello delle persone che amiamo serve soltanto a calmare le nostre paure. Di certo non avrà alcun impatto sugli eventi negativi, che continueranno ad accadere.

Ciò su cui non riflettiamo mai abbastanza è quale sia il senso o la funzione di tali eventi nella nostra vita.

Di solito ci limitiamo a reazioni istintive: ci rifugiamo nel vittimismo, nella rabbia, nelle imprecazioni contro un destino avverso, ingiusto e crudele. Ma questo non fa altro che rendere ancora più alto il prezzo da pagare per quegli eventi.

Io preferisco pensare che anche gli accadimenti negativi della mia vita non dipendano da una mera casualità ma che, per una trama oscura e indecifrabile, riguardino invece proprio me. E penso che non siano arrivati per caso, in quel preciso momento piuttosto che in un altro, soltanto per punirmi.

Per quanto tremendi possano essere stati, quegli eventi hanno finito per modificare qualcosa che non andava bene nella mia vita, hanno corretto atteggiamenti, pensieri, convinzioni.

Hanno spostato i miei pensieri da un binario ormai rigido, stimolando cambiamenti e decisioni importanti, che mi hanno fatto evolvere in meglio, con benefici effetti anche sulla vita delle persone che mi sono accanto.

Mi piace pensare che, per quanto quegli eventi mi abbiano fatto male, siano arrivati con uno scopo e non per il capriccio del destino: non sono stato estratto a sorte in un numero infinito di possibilità. Mi piace credere che contenessero un messaggio importante da cogliere, che richiedeva la mia partecipazione più profonda e sensibile per essere compreso.

E mi pare più utile pensare che siano arrivati per il mio bene.

Se queste convinzioni funzionano in caso di eventi negativi di scarsa importanza, è più difficile applicarle a grossi traumi, come malattie gravi o lutti. Capisco che ammalarsi o perdere le persone che si amano non lascia molto spazio a questa sorta di ragionamenti.

Ma, pur comprendendo tutto questo, resta la verità innegabile che perdere la salute e anche qualcuno che amiamo sia inevitabile. Ed è altrettanto innegabile che se alcuni non ce la fanno è perché non riescono a trovare il senso di quelle esperienze. Mentre altri, proprio a causa di quelle condizioni e di quegli eventi, sperimentano nel tempo una trasformazione profonda, quasi sempre di natura spirituale, e non di rado scoprono per la prima volta la parte migliore di se stessi e della loro vita.

Sentono di essere persone migliori perché hanno saputo attraversare il dolore e il buio, comprendendone il significato e accettandolo come parte della loro esperienza umana.

Tre semplici condizioni per essere felici

Un giorno, durante uno dei miei viaggi in Africa, stavo attraversando sulla mia jeep lunghi tratti di strada assolati, lussureggianti e deserti. Poi, d'improvviso, appariva qualche agglomerato di capanne di paglia, fango, lamiere. E subito gruppi di bambini seminudi, sporchi, di ogni età, richiamati dal passaggio dell'auto: ci correvano incontro accogliendoci con esplosioni di risate, saluti e allegria.

Ogni tanto, ordinati nelle loro divise scolastiche, incrociavamo gruppi di giovani studenti di ritorno da scuole lontane forse chilometri. E anche questi si aprivano in sorrisi accoglienti, scherzando tra loro ed esprimendo una felicità palpabile.

A ogni passaggio, questi incontri mi lasciavano pieno di stupore e di domande. Come poteva esistere quella felicità, quell'entusiasmo, quella gioia incontenibile, in luoghi così poveri, degradati e deprimenti?

I pensieri volavano verso le nostre case confortevoli, in cui nessuno più si chiede perché c'è luce premendo un interruttore, acqua pulita aprendo un rubinetto, cibo nel frigo e sulla tavola, calore d'inverno e fresco d'estate.

Nessuno si chiede perché possiede vestiti, automobili, telefoni, televisori, decoder, computer, lavatrici, frigoriferi e lavastoviglie.

Mi chiedevo perché niente più ci sorprenda. Pensavo alle facce della gente per strada, bambini compresi, a Roma, a New York, a Parigi o a Londra. Facce chiuse, tese, preoccupate, arrabbiate, tristi, depresse o allucinate.

Che razza di contraddizione era?

Perché a volte, se non hai niente, riesci a essere felice, e se hai tutto, molto più di quello che ti serve, sei insoddisfatto, depresso, infelice, incapace di provare un filo di meraviglia e gratitudine?

Ho ripensato a quei bambini africani molte volte, soprattutto dopo essere tornato a casa, e finalmente ho capito che, a dispetto delle difficili e a volte tragiche condizioni delle loro esistenze, ci sono nella loro vita e in quella delle comunità di cui fanno parte almeno tre condizioni che nelle società più ricche ed evolute sono via via venute meno e in alcuni casi scomparse:

il senso di appartenenza, la volontà di condivisione, la capacità di offrire se stessi.

In queste condizioni, la felicità è sostenuta con forza dalla soddisfazione di bisogni primari e naturali per la specie umana, legati anche alle necessità di sopravvivenza. Quei bambini si sentono pienamente parte della loro comunità, del villaggio, della tribù, della nazione. Condividono riti, tradizioni, credenze e spiritualità. Non hanno alcun dubbio su questi valori, di cui hanno bisogno per crescere e strutturare la loro identità di persone. È così anche per noi?

Quei bambini condividono con gli altri la stessa condizione esistenziale, e anche quel poco che hanno è di tutti: il cibo, l'acqua, il fuoco, il raccolto. E persino i genitori. In molti villaggi africani i bambini di una stessa tribù chiamano *mamma* tutte le donne adulte della loro comunità, indipendentemente dai legami biologici. Tutto viene condiviso: anche le emozioni, i sentimenti, le speranze e le paure, riguardano tutti. E nessuno si appropria di niente privandone gli altri.

Facciamo così anche noi?

E infine, la capacità di servire la propria comunità di appartenenza: per loro è naturale fare a turno ciò che serve, aiutare la propria famiglia e il proprio villaggio, andando a prendere acqua e legna da ardere anche lontano chilometri, aiutando gli anziani o i malati anche solo facendo loro compagnia, offrendo il proprio tempo e le proprie capacità agli altri quando serve, senza nemmeno doversi chiedere se si ha voglia di farlo oppure no.

E noi? La pensiamo così? Ci comportiamo nello stesso modo? No, non lo facciamo ormai da tanto tempo.

Da più di trent'anni studio gli esseri umani, ma sono rimasto sorpreso e colpito dalla semplicità di questa naturale *ricetta della felicità*. Queste tre condizioni sono necessarie, direi indispensabili, per ogni essere umano.

Siamo stati creati e progettati con questi bisogni, che rispondono intelligentemente anche alle leggi di sopravvivenza e di conservazione della nostra specie. Quando anche una sola di queste condizioni viene meno, cominciamo a vivere contrastando la nostra vera natura.

E ci ammaliamo.

Prima di infelicità e poi di un infinito elenco di malattie, fisiche e psicologiche, che cerchiamo di curare con farmaci, droghe, manipolazioni mentali, avidità e possesso. Tutto, per non stare male, per non avere paura e sentirsi soli!

Ma se vogliamo guarire davvero e provare a esser più felici, qui e ora, non possiamo accontentarci dei medici, degli ospedali, dei preti e degli psicologi. Cominciamo, invece, ad analizzare la nostra vita alla luce di queste tre condizioni: *appartenenza, condivisione, servizio.*

Diciamoci con sincerità cosa manca. Siamo ancora in tempo per imparare di nuovo quello che già sapevamo e che abbiamo dimenticato.

Siamo ancora in tempo per scoprire che, se vogliamo, siamo in grado di riparare agli errori e ricreare quelle semplici condizioni con cui la nostra vita può essere infinitamente migliore.

La pace nel cuore

C'era una volta un navigatore che fu investito da una tempesta. Dopo molte ore di lotta per governare la sua barca, capì di aver perso la rotta e si arrese al destino di un naufragio. Decise, come ultimo atto della sua vita, di ritrovare la pace del cuore. Ricordò gli insegnamenti di un suo vecchio Maestro, che dopo tanto viaggiare aveva da tempo dimenticato. Chiuse gli occhi e, ignorando il fragore degli elementi, cominciò a respirare con calma, meditando.

Passò in rassegna la sua vita e ricordò l'amore ricevuto, il tempo spensierato trascorso con gli amici, la serenità delle ore passate immerso nella natura, i suoi gesti di cura per gli altri. E, sorridendo, dimenticò la violenza del vento e dei flutti che ancora scuotevano la barca.

Mentre i suoi pensieri lasciavano il posto a una sensazione di silenzio e di pienezza, l'uomo si sentì pronto ad abbandonare la vita scoprendo di non essere mai stato così sereno e appagato.

In quel preciso istante, anche la tempesta sembrò rispondere alla pace del suo cuore e all'improvviso si quietò...

Ti ho raccontato questa favola per farti capire come il mondo che vediamo e che ci appare reale è sempre influenzato dal nostro stato mentale.

Quando siamo agitati, la realtà intorno a noi sembra corrispondere alla nostra stessa agitazione. Quando la fiducia ci abbandona e il pessimismo si impadronisce di noi stessi non vediamo che eventi e notizie che ci confermano che abbiamo ragione. Non è così?

Proiettiamo inconsapevolmente sullo schermo del mondo i conflitti e gli stati d'animo che occupano la nostra mente. E finiamo per percepire il mondo stesso agitato e aggressivo, sentendoci sotto attacco e obbligati a difenderci.

Quando guardiamo alla realtà con animo sereno e con una mente pacificata, tutto ci appare diverso e ci sentiamo capaci di affrontare anche grandi avversità e momenti difficili.

Qualcuno pensa che persino le guerre potrebbero cessare e che la pace nel mondo sarebbe possibile se gli uomini ricercassero prima di tutto la pace nel loro cuore.

A un monaco tibetano, lungamente imprigionato e torturato sotto il regime militare in Birmania, fu chiesto se tra i momenti più difficili della sua prigionia ve ne fosse stato qualcuno particolarmente duro.

« Oh, sì! » rispose lui. « C'è stato un momento in cui ho temuto di perdere la pace della mia mente. »

Perché ci ammaliamo e come aiutarci a guarire

Ogni giorno cibi, liquidi, l'aria che respiriamo e tutto ciò con cui il nostro corpo entra in contatto, ci forniscono *nello stesso momento* nutrienti e tossine, che influenzano in modo determinante il corretto funzionamento dell'organismo e il generale stato di salute.

In condizioni ottimali di funzionalità, siamo progettati per assorbire i nutrienti ed eliminare le tossine. Il nostro sistema immunitario è in grado di distinguere, tra miliardi di microrganismi viventi, quelli con cui possiamo convivere da quelli potenzialmente pericolosi.

Vivendo in un costante interscambio biochimico con la realtà in cui siamo immersi, il nostro stato di salute, dunque, è determinato dalla capacità di discriminare cosa ci è utile e cosa può nuocerci.

Se di tutto ciò siamo abbastanza consapevoli quando

consideriamo il nostro corpo *fisico*, è probabile che non siamo altrettanto preparati e allenati nella comprensione di come la stessa cosa avvenga anche con quel particolare tipo di nutrienti o tossine *intangibili* e immateriali, che ogni ambiente, ogni relazione e ogni esperienza di vita, contengono.

La nostra vita relazionale è la prima fonte di gioia o di frustrazione con cui l'organismo è chiamato a confrontarsi, e lo stesso vale con tutti i *prodotti* del nostro mondo psichico e della nostra vita interiore.

I pensieri che sorgono nella mente, a volte attivati da eventi della vita reale, a volte risultato di convinzioni, desideri o tracce di memoria, hanno la stessa possibilità di nutrirci come fa un pasto sano ed equilibrato, o intossicarci come uno yogurt scaduto.

È stato provato come un qualsiasi stato d'animo negativo, qualunque conflitto interiore o condizione stressante anche solo a livello mentale, sia in grado di attivare precise risposte ormonali, che attivano la produzione di cortisolo, adrenalina e altri ormoni potenzialmente tossici e difficili da eliminare che, partendo da una condizione immateriale e astratta come un pensiero o un'emozione, attivano immediatamente il sistema endocrino, modificando persino la composizione chimica del sangue.

Ecco come una condizione puramente mentale e intangibile, come uno stato depressivo, può indebolire anche il nostro sistema immunitario, e rendere il nostro organismo incapace di far fronte a miliardi di batteri e virus con i quali conviviamo ogni giorno, e persino a una proliferazione cellulare indifferenziata.

Cosa vuol dire, quindi, essere più consapevoli delle tossine e dei nutrienti *immateriali*?

Significa in primo luogo che possiamo cominciare a prenderci cura di noi stessi in un modo completamente diverso, non solo curando sintomi e squilibri quando ormai si sono manifestati, ma mettendo in campo un tipo di prevenzione molto potente e sofisticata.

Insieme a una alimentazione sana ed equilibrata, a una corretta idratazione, a una moderata ma costante attività fisica, al rispetto dei ritmi circadiani che armonizzano veglia e sonno, dobbiamo prestare più attenzione agli aspetti immateriali della nostra vita, come emozioni, pensieri, conflitti, convinzioni che, attivando precise risposte biochimiche nel nostro organismo, hanno un impatto molto serio e troppo sottovalutato sul nostro equilibrio e sulla nostra salute.

Aggiungere questa buona pratica alla tua idea di salute e benessere può migliorare notevolmente la qualità della tua vita e delle tue relazioni con gli altri. Come?

Evita il più possibile gli ambienti e le persone per te negative; esponi molto meno la tua mente alle cattive notizie dei media; presta più ascolto alla tua natura invece che continuare a corrispondere alle aspettative del mondo; non indulgere nei conflitti e nei pensieri negativi; scegli bene le parole che pensi e che usi; dedica più tempo agli amici e alle persone significative della tua vita; migliora la qualità dei tuoi pensieri; recupera la fiducia in te stesso e nel futuro; sbarazzati del rancore e delle esperienze negative del passato; abbandonati maggiormente a stati d'animo ed emozioni positive come l'amore, la compassione, il perdono, la gratitudine; lasciati ispirare e guidare da persone che ammiri e da nobili modelli di comportamento; gioca e dai spazio anche ad attività piacevoli e non finalizzate a ottenere qualcosa; occupati dei bisogni e delle necessità di qualcun altro per cui puoi fare la differenza; dai spazio alla tua componente spirituale attraverso la preghiera o la meditazione.

Così facendo, oltre a diventare una persona migliore, potrai evitare che le tossine immateriali che non sai riconoscere, ma con cui entri in contatto ogni giorno, finiscano per manifestarsi nel tuo corpo sotto forma di squilibrio e malattia.

E se questo fosse già avvenuto, potrai aiutarti a guarire più rapidamente, aumentando il tuo livello energetico, disintossicando non soltanto il corpo ma anche la mente, coltivando emozioni e relazioni positive e potenzianti, che contribuiranno ad accelerare e sostenere il tuo processo di guarigione.

Il bene ha una marcia in più

Guardando alle tragedie e agli orrori che si susseguono in diverse aree del pianeta, è facile precipitare nella disperazione, arrivando a pensare che l'intero genere umano sia giunto al capolinea.

È un pensiero naturale, frutto delle emozioni negative attivate dall'esposizione a fatti traumatici e umanamente inaccettabili. La violenza catalizza l'attenzione dei media che, per ragioni di convenienza e profitto, riversano nelle nostre case informazioni il più delle volte parziali, convincendoci erroneamente che il mondo sia un pessimo posto in cui vivere.

A dispetto di tutti gli orrori, però, non dobbiamo perdere la fiducia nel bene e non dobbiamo fermarci alle prime reazioni, quelle istintive, che falsano la percezione dei fatti, soprattutto in termini di confronto tra tutto il male e tutto il bene presente su questo pianeta e nelle nostre vite.

Se osserviamo i dati demografici, ad esempio, ci accorgiamo che la realtà è ben diversa da quella che ci descrivono i media o gli economisti: miliardi di esseri umani in questo preciso momento convivono in pace, mentre i Paesi in guerra sono una piccola minoranza.

La perdita di ogni singola vita a causa di un atto di terrorismo deve risvegliare tutto il nostro sdegno, ma non possiamo dimenticare come sia molto più probabile perdere la vita o ferirsi gravemente per un incidente domestico, che per l'incontro con un terrorista o per l'esplosione di una bomba.

Riportare la pace dove ci sono conflitti, ristabilire equilibri sociali, economici, politici e religiosi è un dovere delle istituzioni e degli organismi internazionali cui noi stessi abbiamo dato vita, in un percorso di civiltà e progresso. Ma sul piano individuale possiamo fare la nostra parte alimentando il bene e il bello, che coesistono con il male e l'orrore ma in misura nettamente superiore.

Dobbiamo continuare a guardare a quanto di positivo e creativo l'umanità è riuscita a realizzare per millenni e continuerà a fare, ricercando soluzioni e condizioni di vita migliori per tutti.

È il nostro atteggiamento di fronte alle difficoltà che determina la nostra capacità di superarle o soccombere. E oggi sappiamo che le nostre emozioni e vibrazioni sottili influenzano tutto il sistema con convinzioni che possono essere di speranza o disperazione, fiducia o scetticismo, volontà o indifferenza.

Abbiamo il dovere di elevare il nostro livello di percezione, coscienza e conoscenza, interagendo con la realtà in modo razionale, riparativo e costruttivo, senza alimentare il male con altro male, la guerra con la guerra, l'orrore con altro orrore.

In poche parole, dobbiamo elevare il nostro personale livello energetico attivando pensieri ed emozioni di segno positivo: l'amore, la speranza, la fiducia, la generosità, la lungimiranza, la gratitudine.

La storia dell'umanità ci insegna che da quando esiste l'uomo Bene e Male sono sempre esistiti come forze opposte e inscindibili. Il conflitto tra queste polarità è un fenomeno dinamico e crea l'energia di cui l'universo ha assoluta necessità per vivere, funzionare, evolversi.

Tuttavia, anche nell'alternanza sembra esserci un lieve differenziale a vantaggio della parte positiva. Anche la fisica quantistica ha, recentemente, ipotizzato l'esistenza di questo infinitesimale differenziale positivo presente nelle particelle subatomiche.

E ciò spiegherebbe il movimento evolutivo, la crescita e l'espansione dell'universo, piuttosto che la sua stagnazione o implosione.

Non sappiamo ancora se un giorno raggiungeremo un più elevato livello di coscienza, che ci porti a fare a meno di questo meccanismo, accedendo a una fase diversa della nostra evoluzione. Per ora, a quanto pare, abbiamo ancora bisogno di districarci tra polarità positive e negative, utilizzando il male e gli eventi negativi per attivare reazioni di segno opposto, risvegliarci, scegliere, agire e poterci persino sentire dalla parte giusta, ma consapevoli che il bene alla fine avrà sempre una marcia in più.

La pretesa del controllo

Niente ti sostiene meglio della tua volontà e della tua capacità di controllo, vero? D'altra parte, non sei forse la persona di cui ti fidi di più al mondo?

Peccato che molti di noi non si limitino alla capacità di controllo necessaria a guidare e organizzare la propria vita, le proprie relazioni e il proprio lavoro, ma pretendano letteralmente di controllare ogni cosa.

Questo atteggiamento compulsivo costituisce uno degli ostacoli più potenti al benessere e alla felicità umana perché spesso finiamo per esigere da noi stessi e dagli altri l'impossibile, ci isoliamo invece che chiedere aiuto e collaborazione e non di rado diventiamo antipatici per la scarsa flessibilità dei nostri atteggiamenti.

Le persone che vivono una dimensione di ipercontrollo non di rado sono anche molto perfezioniste, poco tolleranti con le proprie debolezze e finiscono per rovinare la propria vita e quella di tutti coloro che hanno intorno.

Come sempre il primo passo per guarire di questa patologia del carattere è conoscerla meglio.

L'ipercontrollo altro non è che una strategia di difesa dalla paura di essere in totale balia degli eventi, soprattutto di quelli che temiamo. La paura di perdere la salute, di fallire, di perdere la stima e l'affetto delle persone che amiamo o che accada loro qualcosa di negativo.

Mollare il controllo vuol dire sentirsi esposti e indifesi a tutto ciò.

Può essere utile allora sapere che le paure non sono altro che degli *apprendimenti*. Non siamo nati paurosi e non c'è niente di costituzionale nella paura. A un certo punto della nostra vita, qualcosa di negativo è accaduto, a noi o a qualcun altro, e l'emozione negativa che abbiamo provato è stata memorizzata e immagazzinata nel nostro organismo.

In conseguenza di quelle esperienze spesso precoci abbiamo creato degli *apprendimenti* che hanno dato vita a pensieri automatici che si attivano al di là del nostro controllo e sono diventati parte della nostra personalità.

Purtroppo non possiamo controllare che una parte infinitesimale della nostra esistenza, e prima ce ne rendiamo conto e lo accettiamo e meglio sarà, non dico per provare a essere più felici ma anche per la nostra stessa salute, perché l'ipercontrollo è una delle principali cause di stress che intossicano non solo la nostra esistenza ma anche il nostro organismo.

Proviamo allora a familiarizzare con la consapevolezza che in natura, come nella nostra vita, ci sono forze che prescindono in maniera totale dalla nostra volontà. Forze potenti, vitali e autonome, che non tengono in alcuna considerazione le nostre decisioni ma che non per questo sono necessariamente negative o contro di noi.

Vuoi un esempio concreto?

Prova a smettere di respirare. Fallo adesso. Resisterai alcuni secondi, forse qualche minuto, se sei allenato, ma arriverà un momento in cui una forza irresistibile ti ordinerà: «Respira!» E tu non potrai che obbedire.

È la stessa forza che, indipendentemente dal tuo

controllo, fa battere il cuore e circolare il sangue nelle vene.

Per quanto tu possa resistere al sonno, prima o poi, anche solo per poche ore, dovrai cedere. E chi si prende cura di te mentre dormi e ti permette di risvegliarti al mattino?

Se hai percepito anche in minima parte quanto della tua vita non dipende da te, e hai sentito l'esistenza di questa strana forza che ti vuole vivo, hai trovato un nuovo alleato di cui fidarti moltissimo e con ragione.

Quando ti senti stanco, smetti di considerarti signore e padrone della tua esistenza ma pensati come espressione di un organismo vivente e palpitante infinitamente più forte di te, al quale appartieni anche tu e che respira attraverso di te e che ti impone di fare lo stesso.

Questa forza universale non ti chiede se tu voglia appartenerle o no, non ti chiede se tu voglia respirare o no, abbandonarti e arrenderti a essa, esistere o morire: agisce in ogni istante con una potenza che ti fa capire quanto sia modesta e insignificante la capacità di controllo del tuo Io.

Tu le appartieni e, se lo riconosci, ti puoi abbandonare con fiducia, delegando una buona parte delle responsabilità che erroneamente ti attribuisci.

Se stai contemplando questa possibilità, ora puoi fare l'ultimo passaggio, il più importante.

Tu sei quella forza. Non c'è differenza, non esiste separazione. Tu e la realtà che ti tiene in vita, siete la stessa cosa. Le necessità e i bisogni della tua mente e del tuo Io sono solo una piccola parte di questo gioco, così piccola che l'universo nemmeno la percepisce.

Continua pure a guidare la tua vita, continua a occuparti con responsabilità di te stesso, delle persone che ami e dell'ambiente che ti circonda, continua a progettare e, se ce la fai, anche a coltivare la possibilità di rendere migliore non solo la tua vita ma anche quella degli altri. Ma non disperdere le tue energie migliori nell'illusione di essere l'artefice unico della tua esistenza.

E soprattutto liberati dall'idea di farlo da solo e dal terrore che, se mollerai anche un solo istante, il mondo intorno a te precipiterà, travolgendoti.

Ritrova quella capacità che avevi di abbandonarti al sonno tra le braccia di tua madre, ma questa volta fallo da sveglio e recupera la fiducia di non essere solo a questo mondo.

Forze misteriose creano miracoli anche per te, a ogni passo. Solo lasciando andare la tua pretesa di controllo, sarai finalmente capace di vedere questi miracoli e farne con gratitudine i principali alleati della tua vita.

Lascia che la vita faccia il suo lavoro, e lavori anche per te.

Unisciti consapevolmente a quella danza.

Tu sei il danzatore e la musica.

Nascere davvero

Ti sei mai chiesto cosa vuol dire nascere?

Io distinguo due momenti: il primo è quello della tua nascita biologica, a conclusione di un processo di gestazione durato nove mesi grazie al quale sei venuto al mondo. È già un fatto straordinario se ci pensi, perché in termini di probabilità solo uno spermatozoo, tra miliardi di altri, può fecondare un ovulo. E, anche dopo questo momento miracoloso, le possibilità che il processo si interrompa per qualunque tipo di accidente sono elevate.

Quindi, il fatto che tu sia qui a leggere questa pagina è di per sé un miracolo.

La seconda nascita avviene molto tempo dopo: quando, dopo un secondo processo di gestazione che a volte dura per tutta la vita, realizzi pienamente le tue potenzialità e riesci a far vedere agli altri chi sei.

Nascere per la seconda volta significa far udire la tua voce, superando tutti gli ostacoli e i condizionamenti che la vita ti impone.

Questa seconda nascita non può contare sugli automatismi di quella biologica, ma richiede la tua partecipazione attiva e consapevole e, soprattutto, una decisione profonda nel superare la paura di essere finalmente te stesso, rimuovendo tutto quello che si frappone fra te e il tuo progetto di vita, costi quel che costi.

Sappiamo entrambi che purtroppo in molti scelgono di non prendere alcuna decisione rispetto alla propria vita e non tentano neanche di nascere pienamente, barattando la propria identità e il proprio talento con le briciole dell'attenzione altrui.

Il fatto che tu abbia tra le mani questo libro mi fa credere che tu non appartenga alla schiera dei rinunciatari e che ci sia in te un sincero bisogno di conoscenza, unito al desiderio di crescere e andare oltre i tuoi limiti.

Ormai avrai capito che, perché ciò accada, occorre non soltanto superare molti ostacoli esterni ma soprattutto quelli di natura interiore, di cui non è facile rendersi conto, ma che giocano un ruolo determinante nell'impedirti di realizzare ciò che sei.

Paure, pregiudizi e convinzioni negative accumulati dentro di te sono altrettanti ostacoli. Le idee negative, spesso inconsapevoli, si manifestano attraverso sintomi fisici o psicologici, forme di frustrazione, o anche attraverso un'insoddisfazione permanente. Quello che devi chiederti è come individuare il vero problema, e dove si nasconde, e da quel momento la strada verso una nascita completa sarà visibile e semplice da intraprendere.

Le strade per essere finalmente felici sono molte, e sono certo che non vorrai rassegnarti a sopravvivere, sapendo di poter rinascere, per vivere, questa volta, pienamente.

Il cucchiaio dal manico troppo lungo

Un giorno, un sant'uomo si rivolse a Dio e gli chiese: « Signore, mi piacerebbe sapere come sono il Paradiso e l'Inferno ».

Dio lo condusse davanti a due porte, ne aprì una e gli permise di guardare all'interno.

C'era una grandissima tavola rotonda. Al centro della tavola, un enorme recipiente contenente cibo dal profumo delizioso.

Al sant'uomo venne l'acquolina in bocca.

Le persone sedute attorno al tavolo erano magre, dall'aspetto livido e malato. Avevano tutte l'aria affamata. Avevano dei cucchiai dai manici lunghissimi, attaccati alle loro braccia. Tutti potevano raggiungere il piatto di cibo e raccoglierne un po', ma poiché il manico del cucchiaio era più lungo del loro braccio, non potevano accostare il cibo alla bocca.

Il sant'uomo tremò alla vista della loro miseria e delle loro sofferenze.

Dio disse: «Hai appena visto l'Inferno». Poi Dio e l'uomo si spostarono alla seconda porta. Dio l'aprì.

La scena che l'uomo vide era identica alla precedente: la grande tavola rotonda, il recipiente che gli fece venire l'acquolina, le persone intorno alla tavola avevano anch'esse i cucchiai dai lunghi manici.

Questa volta, però, erano ben nutrite, felici e conversavano tra di loro sorridendo.

Il sant'uomo disse a Dio: «Non capisco!»

«È semplice», rispose Dio. «Hanno imparato che il manico del cucchiaio troppo lungo non consente di prendere il cibo per se stessi, ma permette loro di darlo al proprio vicino. Così hanno imparato a nutrirsi a vicenda! Quelli dell'altra tavola, invece, non pensano che a se stessi...»

Inferno e Paradiso sono due luoghi simili: siamo noi a fare la differenza.

Fosse per me, pubblicherei questo racconto tutti i giorni in prima pagina sui principali quotidiani.

Lo racconterei ai « grandi » della Terra che si interrogano (o fanno solo finta?) su come uscire da una crisi economica ed energetica planetaria senza precedenti.

Sulla Terra c'è abbastanza per soddisfare i bisogni di tutti, ma mai abbastanza per soddisfare l'ingordigia di pochi.

Trasforma ciò che non ti piace

Hai mai pensato che una pietra, una pianta, un animale, non hanno la facoltà di elaborare un progetto di trasformazione della realtà in cui vivono?

Si tratta di un vero e proprio dono riservato esclusivamente agli esseri umani, che li rende di fatto co-creatori di questo universo e li assimila a creature divine.

La maggior parte di noi, però, non sembra comprendere di avere un potere così grande, e non sa cosa farsene.

Le migliori energie si consumano quotidianamente nel mero tentativo di adattamento a una realtà spesso subita e quasi mai condivisa. La colpa per quello che non funziona viene attribuita sempre a qualcun altro, così come la responsabilità di cambiare quello che non va, riservando a se stessi soltanto il diritto di lamentarsi, senza sosta, aspettando che qualcosa accada.

Eppure, basterebbe davvero poco per fare tanto: vedere il mondo com'è, con tutti i suoi pregi e i suoi non pochi difetti, non limitarsi a osservarlo, e cominciare a immaginare come dovrebbe essere, in che cosa potrebbe essere migliorato. Un esercizio semplice, a cui non dovremmo mai rinunciare.

C'è così tanto da fare e se ognuno facesse la sua parte non avremmo un mondo in cui pochissimi decidono, ogni giorno, per la vita di tutti.

E come sai, quando pochi decidono per tutti, ricevendo una delega in bianco, facilmente prenderanno decisioni che invece di essere orientate al bene comune, serviranno solo alla soddisfazione di interessi particolari, economici o politici.

Anche questo è parte della natura umana, e perciò è indispensabile che cominci proprio da te stesso, riconoscendo che hai sempre in tasca il potere di cambiare le cose e influenzare la realtà che ti circonda.

Con questo sguardo nuovo, da protagonista e non da spettatore, puoi cominciare a cambiare un po' alla volta quello che non ti piace in te stesso, nella tua vita, nella tua famiglia, nel palazzo o nel quartiere dove vivi, nella tua città, nel tuo Paese e persino nel mondo, smettendola di attraversare la vita come una comparsa senza alcun ruolo, ma diventando parte attiva e responsabile di una comunità.

Non esistono persone con poteri speciali che debbano occuparsi del mondo in cui viviamo. Ognuno può farlo, offrendo ciò che può nell'ambito che gli è più congeniale, nel modo più rispettoso delle proprie qualità e della propria natura, ma consapevole del valore e del significato della propria esistenza.

Chiunque abbia progettato questo universo, ha dato all'uomo la capacità di trasformarlo, e per quanto spesso un potere così grande venga utilizzato per distruggere l'ambiente o peggiorare le relazioni tra le persone, a me piace pensare che possiamo trasformare qualunque cosa per realizzare un progetto evolutivo e creativo.

Mi piace anche credere che il cammino dell'umanità sia proprio quello di creare un mondo *divino*, in cui l'amore e il rispetto tra le persone non siano solo concetti astratti, ma condizioni per realizzare la migliore delle realtà possibili.

Questa è da sempre l'ambizione dei grandi sognatori

e di tutti coloro che hanno contribuito significativamente all'evoluzione del pensiero e della condizione umana, soprattutto perché hanno creduto nel proprio potere trasformativo.

Ma indipendentemente dalle idee di ciascuno, posso assicurarti che solo onorando il dono di poter cambiare la realtà si rende davvero unica e significativa la nostra vita, anche nel breve periodo di tempo che ci è concesso in questo universo.

La legge spirituale della reciprocità

Sono in viaggio nell'isola di Bali, un luogo unico in cui la spiritualità e il senso del Divino sono presenti in ogni angolo e in ogni momento della giornata. Chiedo al giovane driver che mi porta pazientemente in giro tra templi e spiagge incontaminate, di spiegarmi come mai, secondo lui, sulla sua isola siano tutti indistintamente così gentili e si aprano in un sorriso ogni volta che incontrano uno sguardo estraneo.

Dodi, così si chiama, mi spiega che la loro religione li prepara fin da piccoli a rispettare tre cose nel corso della vita: 1) l'habitat naturale, 2) gli animali e tutte le creature viventi, 3) gli esseri umani (Oh, oh!). Il fondamento di questo pensiero, mi dice, è che la tua vita dipende dalla benevolenza di questi tre elementi e che da questi sarai trattato esattamente come tu tratti loro. Credendo nella reincarnazione, aggiunge che nelle prossime vite ognuno potrebbe reincarnarsi in un elemento diverso da quello in cui la sua anima vive adesso. E siccome l'uomo è considerato in una gerarchia di valori il più vicino al Divino, se ne potrebbe allontanare a causa di un comportamento non rispettoso e reincarnarsi in un animale, un insetto, una pianta o un minerale, per un ciclo che potrebbe essere molto lungo o anche eterno, per imparare a servire la natura e il Divino da quella nuova condizione. Donare gentilezza e amore vuol dire dunque riceverne altrettanto e continuare a elevarsi nella gerarchia dei meriti.

Mentre ascolto la sua spiegazione, che mi pare prima di tutto ispirata da tanto buon senso, penso alle nostre vite, ai valori sempre più materialistici che si sono impadroniti prima del mondo occidentale e ora si stanno rapidamente imponendo anche in quello orientale e spero che Dodi e i suoi coabitanti possano resistere e permanere a lungo nella purezza e nella semplicità essenziale di questa visione che, per metterla in modo ancora più semplice, si può tradurre con il vecchio adagio: quello che semini raccogli. Basterebbe questo a spiegarci perché troppo spesso ci ritroviamo spiazzati e sgomenti di fronte a quello che accade intorno a noi e ci sembra improvvisamente di trovarci all'inferno. Non sono forse i cambiamenti climatici, le disuguaglianze economiche, i flussi migratori e gli odiosi atti di terrorismo la diretta conseguenza di scelte e comportamenti umani? A causa di queste scelte, spesso ispirate da opportunismo, avidità, violenza e intolleranza, sempre più raramente sperimentiamo la bellezza dell'esistenza e la presenza della gentilezza, dell'amore e del supporto reciproco nelle nostre vite.

La buona notizia è che non è mai troppo tardi per risvegliarsi a una nuova consapevolezza e cominciare da subito a cambiare rotta. Magari sorridendo al primo sguardo estraneo che incontriamo. Trattandoci meglio l'un l'altro senza continuare a usare e sfruttare tutto, natura, animali, persone. Non farci abbindolare dai consigli scriteriati di chi propone ricette terroristiche, dominanti e violente e non sostenere chi le rappresenta, quasi sempre a proprio ed esclusivo vantaggio. E vedere di nascosto l'effetto che fa.

Le menzogne nascono dalla paura

Sono convinto che, finché ci sarà bisogno di mentire per sopravvivere, non avremo mai un mondo sicuro.

Mentiamo ogni giorno, tutti, moltissime volte.

Mentiamo agli altri sui nostri reali sentimenti, bisogni, intenzioni, costruendo racconti e rappresentazioni opportunistiche e manipolative.

Finiamo persino per ammirare coloro che hanno avuto successo in virtù della loro capacità di mentire e manipolare gli altri.

Soprattutto, mentiamo a noi stessi, convincendoci che le menzogne che ci raccontiamo rappresentano la nostra vera identità, mentre godiamo del successo e dei vantaggi che tali bugie hanno provvisoriamente creato per noi.

Provvisoriamente.

Perché, per mantenere i successi e i risultati ottenuti in questo modo, saremo costretti a produrre menzogne sempre più grandi. Vivremo nella paura e nella tensione di essere smascherati, e questo alla fine ci condurrà al fallimento, facendo persino ammalare il corpo e la mente.

Ma non saranno le bugie a darci sicurezza, salute e benessere. La vera salute, e l'unica felicità possibile in questa vita, si ottengono curando le nostre paure più profonde e perdonando noi stessi per non essere all'altezza delle nostre stesse aspettative.

Il vero benessere si raggiunge quando la tensione causata dalle menzogne reiterate si scioglie e riusciamo finalmente a vivere senza sentirci minacciati o nella paura di essere attaccati, quando possiamo mostrare senza riserve il nostro cuore e i nostri pensieri più autentici, senza paura di sentirci inadeguati o di essere rifiutati.

La scelta di vivere nella verità è la più coraggiosa e oltraggiosa che possiamo fare.

Se vogliamo guarire dal dolore esistenziale, diventato malattia del corpo e della mente, cominciamo a sperimentare cosa accade intorno a noi e come ci sentiamo rilassati quando viviamo nella verità. Cerchiamo prima di tutto di non mentire a noi stessi, riconosciamo le nostre paure, le ferite, le fragilità, e accogliamole allo stesso modo dei nostri talenti e delle risorse migliori, come nessuno al di fuori di noi potrà mai fare.

Concediamo più amore e compassione a quello che non ci piace di noi stessi, alle esperienze di vita che sicuramente non saranno mai accettate da nessun altro.

Questo è l'unico autentico cambiamento e la sola vera trasformazione che può portare pace nella nostra vita, e nel mondo.

L'umanità si salverà quando tutte le menzogne saranno smascherate e sconfitte, e soprattutto quando avremo capito la loro inutilità.

Quando sei nato non puoi più nasconderti era lo straordinario titolo di un libro di Maria Pace Ottieri, poi diventato uno dei molti bellissimi film del regista Marco Tullio Giordana.

È un titolo che mi piace molto perché rende bene l'idea della nostra condizione umana e della fragilità con cui dobbiamo affrontare la vita già dal momento in cui veniamo al mondo. La nascita stessa, ma persino la gestazione e la vita intrauterina, ci vedono esposti a ogni genere di evento. Viviamo condizioni che non possiamo scegliere.

Non possiamo sceglierci la famiglia nella quale nasciamo, i genitori e neppure le condizioni di accoglienza e sostegno di cui avremo bisogno per vivere più o meno felici e in salute. Nella migliore delle ipotesi troveremo le risposte giuste alle nostre richieste, ma per quanto potremo essere fortunati, nel corso dell'infanzia e dell'adolescenza, difficilmente potremo evitare di collezionare anche un buon numero di mancanze e di ferite più o meno importanti, talvolta persino traumatiche.

Tutto questo avverrà in un periodo della vita in cui non abbiamo molte risorse per gestire l'intensità emozionale degli eventi più sfavorevoli e collezioneremo le nostre ferite senza neppure poterle riconoscere e gestire.

A volte quelle stesse ferite si trasformano in veri e propri trainer che ci permettono di sviluppare risorse e talenti. Nella maggior parte dei casi, però, vengono soltanto dimenticate e rimosse dalla coscienza, per non costituire un peso emozionale insostenibile e una condizione invalidante. Purtroppo, non essendo state riconosciute, affrontate e risolte direttamente, è probabile che le esperienze negative e gli apprendimenti che ne derivano, continueranno a produrre in modo subdolo i loro effetti disturbanti con modalità e forme diverse.

Da adulti, infine, svilupperemo strategie autoprotettive che possono essere semplificate in due modalità di risposta inconsapevole: il tentativo di riparare un passato sfavorevole o la pretesa di essere risarciti per i torti subiti.

Nel corso della mia attività di terapeuta, ma anche nella vita di tutti giorni, ho individuato due precise categorie umane corrispondenti a queste due strategie: i *riparatori* e i *vendicatori*.

Prova tu stesso a guardarti intorno e a esercitarti a individuare queste due tipologie umane tra le persone che conosci.

Se osservo le scelte e i comportamenti che ho messo in atto, anche inconsapevolmente, nella mia vita, credo di appartenere alla prima categoria, quella dei riparatori. Più di una volta ho dovuto mettere un freno alla mia attitudine di farmi carico dei problemi dell'umanità e di voler salvare il mondo. Una posizione nobile, certo, gratificante e socialmente riconosciuta, ma non priva di rischi per la salute quando il dispendio energetico si fa eccessivo. Quando infine ho compreso da quali ferite derivavano i miei comportamenti compulsivi ho potuto usare la forza del potere riparativo con più libertà e consapevolezza.

Un fulgido esempio di *riparatore* è Nelson Mandela. Pur avendo vissuto un'infanzia terribile e subito da adulto ogni genere di ingiustizia, non ha mai smesso di credere nella possibilità di pacificare e riunificare il suo Paese devastato dalle politiche coloniali e dall'apartheid. Dopo ventisette anni di carcere ha raggiunto il traguardo di diventare il primo presidente nero del Sudafrica.

Tra i *vendicatori,* invece, non è raro trovare chi ha raggiunto posizioni di grande potere economico, fama o successo. Questo non vuol dire che carriere brillanti siano sempre causate da impulsi vendicativi. Anche tra ricchi e potenti possono esserci dei *riparatori,* e per capire la differenza basta guardare alle loro azioni nei confronti degli altri e della società. Molti sono addirittura dei filantropi e dei benefattori.

I veri *vendicatori* invece si distinguono per egoismo e soprattutto per avidità. Sono persone che sfruttano e vampirizzano gli altri. Non sono mai appagati dalle fortune raggiunte, non metabolizzano il bene e si comportano come dei pozzi senza fondo, insaziabili nell'accumulare potere e riconoscimenti nelle diverse forme.

Il *vendicatore* ha quasi sempre alle spalle una storia di ferite narcisistiche, causate da umiliazioni o negazione dei propri bisogni da parte delle figure primarie di accudimento; ha subito una mancanza d'amore che ha prodotto una condizione di sofferenza e di minaccia al proprio diritto di esistere e alla propria integrità.

I vendicatori non si trovano soltanto nelle cosiddette « alte sfere », sono sicuro che, con un po' di attenzione, ne riconoscerai qualcuno in giro anche tra le persone più comuni e più vicine.

Quello che conta è capire che raramente riparare una ferita rimuovendola e scegliendo strategie di compensazione indiretta conduce a una vera soddisfazione e pacificazione. Le glorie raggiunte sono solo dei surrogati dell'amore, del sostegno, del riconoscimento e della protezione mancati.

Un autentico processo di guarigione dalle ferite dell'anima non può che passare dalla conoscenza di se stessi e dall'accettazione di chi siamo davvero, grazie anche ai torti subiti e agli ostacoli che la vita pone sul nostro cammino.

Tu non sei il tuo nome

Tu non sei il tuo nome.

Tu non sei la forma e il peso del tuo corpo.

Tu non sei la tua età.

Tu non sei il tuo indirizzo.

Tu non sei il tuo lavoro.

Tu non sei la tua famiglia.

Tu non sei i tuoi amici.

Tu non sei il tuo titolo di studio.

Tu non sei quanti soldi o quanti debiti hai in banca.

Tu non sei ciò che indossi.

Tu non sei la tua casa, la tua auto, il tuo cellulare, il tuo computer, il tuo televisore.

Queste sono solo rappresentazioni limitanti e temporanee di te stesso. Piccole etichette con le quali hai bisogno di identificarti ogni giorno, per comodità e per rendere più semplici le tue relazioni con il mondo.

Va tutto bene se ne sei consapevole. L'importante è che tu sappia anche che non sono condizioni in cui è possibile trovare la pace e la sicurezza che cerchi, e meno che mai una felicità duratura. Perché nomi, oggetti, ruoli, relazioni sono tutte condizioni mutevoli, e perdere una qualunque di queste identificazioni equivarrebbe a perdere te stesso.

Chi sei allora, veramente? Se togli un'etichetta dietro l'altra, una definizione dietro l'altra, un'identificazione dietro l'altra, cosa rimane di te?

Contrariamente a quanto potresti pensare, se tutto questo si dissolvesse, tu resteresti sempre tu.

« Cos'è un nome? » diceva Shakespeare, dando voce al suo Romeo mentre parlava con Giulietta. « Se una rosa smettesse di chiamarsi rosa, forse che perderebbe la sua bellezza e il suo profumo? »

In ogni cosa c'è un'essenza che la rende unica ed è

attraverso quell'essenza che sappiamo cos'è e non certo attraverso orpelli e appellativi.

Certo, rinunciare a definirti attraverso nomi, aggettivi, possedimenti e rappresentazioni esteriori è un processo che può spaventare. Ma provare a conoscere quella parte di te che non muta mai, persino se cambi nome, indirizzo, professione, età, aspetto fisico, può essere molto più rassicurante di ogni identificazione instabile e precaria.

Quella parte è la tua vera natura ed è parte di te da sempre, anche quando non la riconosci o non sai dove cercarla. È l'unica cosa che dice chi sei veramente, che contiene il tuo Sé più autentico, tutti i tuoi talenti, la tua unicità e il tuo vero progetto di vita.

È qualcosa di intangibile e non è neppure legata al tuo corpo e ai suoi mutamenti.

È impossibile trovare e riconoscere questa parte di te nella vita materiale perché, se così fosse, sarebbe anch'essa costretta a tutti i mutamenti che governano il mondo delle cose.

Se riesci anche solo un poco a percepire questa dimensione immutabile, che vive in te da sempre e che probabilmente legge queste parole e le riconosce come vere, forse ti stai avvicinando all'esperienza del tuo vero Sé.

A me è capitato di percepirne l'esistenza semplicemente guardandomi allo specchio notando che c'è una parte di me che non cambia, che è sempre la stessa da quando ne ho memoria e che guarda quel tizio riflesso che inspiegabilmente continua a mutare nel tempo il suo aspetto esteriore.

Puoi pensare che sia la tua anima, o il tuo spirito, quella parte di te stesso in grado di osservare persino i meccanismi della tua stessa mente.

Ed è solo lì, in quella dimensione naturale e immutabile, che la puoi trovare.

Non avere paura

Non preoccuparti. Non avere paura.

Le cose peggiori che possono accaderti in questa vita ti spaventeranno solo per un momento.

Come quando al luna park paghi il biglietto ed entri nel «Castello della paura»: attraversi il buio, scoprendo con un brivido i fantasmi che nasconde.

Ti metti alla prova, per scoprire che sei molto più forte e la tua stessa paura ti diverte. Quando esci, ridi.

Perché scopri che la luce è sempre stata lì ad aspettarti e alla fine si trattava di un gioco, un sogno, un'illusione.

Nulla può farti male.

Perché tu sei l'amato figlio dell'Universo.

Riprendi in mano i comandi

Mi occupo di felicità da molti anni e in modi diversi, prima di tutto come psicologo, poi come artista e infine come ricercatore.

Occuparsi di felicità vuol dire in primo luogo conoscere bene e profondamente il suo opposto. E quello che ho scoperto studiando perché le persone sono spesso infelici, frustrate o depresse, (il che purtroppo ormai riguarda soprattutto il mondo occidentale, che vive i più elevati livelli di comfort e benessere) non è relativo a eventi oggettivi, ma alla modalità con cui noi rispondiamo agli eventi negativi che ci accadono o ci circondano.

Quando rispondiamo negativamente a eventi negativi, la causa non è nella nostra volontà di farci del male, ma negli apprendimenti derivati da eventi sfavorevoli accaduti nel passato, che hanno creato una sorta di risposta automatica o di personalità reattiva.

Questa personalità, questo *avatar* che vive insieme al nostro vero sé, trova scontata e naturale la risposta di infelicità, frustrazione o depressione che si è abituata a dare alle circostanze.

Per semplificare si potrebbe dire che l'infelicità è una cattiva abitudine. Punto.

La buona notizia è che gli esseri umani sono le uniche creature in questo universo capaci di auto osservazione e quindi consapevolezza, oltre che di libero arbitrio, cioè capaci di decidere la direzione dei propri pensieri, dei propri sentimenti, delle proprie emozioni e delle proprie azioni, praticamente rispetto a ogni cosa. Ricercare la felicità invece che indulgere all'infelicità, al vittimismo, alla frustrazione e alla depressione, è quindi più un'attitudine reiterata che si può apprendere, come qualsiasi altra facoltà umana.

Si può sempre tuttavia invertire la rotta. Ma ciò non avverrà senza una decisione di farlo e senza applicazione. Se vuoi perdere peso devi iniziare una dieta, se vuoi un corpo più atletico devi sottoporti a lunghe e costanti sedute di allenamento. Dunque, per essere una persona diversa da quella che sei, soprattutto se sei spesso infelice, frustrato o depresso, devi fare la stessa cosa: applicarti nel cambiamento e capire che hai sempre una scelta.

Naturalmente il tuo *avatar*, la tua personalità reattiva, non vorrà saperne di uscire di scena e lasciare il campo a un *te* diverso, fiducioso, positivo, grato e ottimista anche di fronte a cause avverse. E quindi protesterà affermando che sei una vittima delle circostanze e che ci sono cose nella vita dalle quali non si può sfuggire e che sei «costretto» a provare quello che provi. Troverà mille motivi per resistere e giustificare a te e al mondo le ragioni oggettive della tua infelicità.

Devo smentirti per il tuo stesso bene. Ho conosciuto persone che hanno reagito in modo sorprendente perfino a lutti e tragedie inimmaginabili, trovando in questi eventi, non auspicabili, un punto di svolta nelle loro esistenze. Puoi farlo anche tu, in qualsiasi momento. Ma ricordati che dovrai essere persistente come un atleta. Fino a quando perderai l'abitudine di essere quello che non ti piace.

Preghiera della sera (o del mattino, se preferisci)

« Voglio bene alla vita, così com'è, e non perdo tempo nel tentativo inutile e stressante di controllare gli eventi, di giudicarli, rifiutarli e di considerare giusta, accettabile e perfetta solo la parte di realtà che preferisco.

« Lo faccio, non perché accetterò passivamente tutto ciò che mi capita, ma perché mi amo profondamente e integralmente, mi sento amato e sostenuto da questo universo e dalle sue leggi, che mi tengono in vita ogni giorno, anche quando dormo, e attraverso le persone che mi sono vicine, attraverso i doni, la bellezza e l'amore che mi hanno nutrito e che mi ha fatto bene ricevere, soprattutto quando non avevo fatto nulla per meritarlo.

« E considero perfetto tutto quello che mi riguarda e che mi riguarderà in questa vita, comprese la sofferenza, la malattia, il dolore, la separazione e la morte, che non potrò evitare di conoscere.

«Offro con amore la mia esperienza agli altri e alla coscienza dell'universo, che potrà farne l'uso che ha previsto, che non conosco e spesso non capisco, ma nella quale pongo la mia fiducia per il fatto stesso che da quella coscienza sono stato creato anch'io, ne faccio parte e porto in me la sua stessa natura.

«Voglio bene alla vita così com'è, perché sono qui, sono vivo e posso condividere la mia esistenza con gli altri, amarmi e amare in ogni istante, perché posso semplicemente decidere di farlo, qui e ora, senza aspettare che qualcuno mi dica di farlo.

«Voglio bene a questa vita perché non ne ho un'altra, e se l'avrò non sarà mai uguale a questa e anche se fosse migliore in qualcosa sarebbe diversa e perderei tutto quello che amo qui e ora.

«Voglio bene a questa vita, tutta intera.»

Cambia il film della tua vita

Svegliati.

Stai vivendo la tua vita tra sogni e incubi. Stai vivendo ogni giorno dentro lo spazio della tua mente e di pensieri automatici che sono sempre gli stessi da anni. Entri ogni giorno in una sala cinematografica dove danno sempre lo stesso film in cui il protagonista è il tuo vecchio io, che difende quella che crede sia la sua identità e la sua personalità, che combatte sempre le stesse battaglie senza mai veramente vincerle. Resti lì tutto il giorno, sperando che il film cambi e ci sia un finale diverso. O che qualcuno accenda la luce in sala. In quel film non esiste nessun finale, nessuno può cambiare la trama, tranne te.

E allora esci. Puoi farlo. La paura dura solo un istante. E poi sei libero di andartene in giro in una città che non conosci. Libero di guardare ogni cosa e ogni persona senza un'opinione o un giudizio, come se vedessi tutto per la prima volta. Vivi per qualche secondo con l'ingenua freschezza di un bambino che non ha ancora un passato a cui attingere per spiegarsi ogni cosa. Guarda per un momento anche te stesso come se non ti conoscessi e ti vedessi per la prima volta. Afferra per un istante la sensazione di non sapere niente, di non avere un giudizio o un'opinione su nulla.

Se ci riuscirai anche per un istante intuirai cosa vuol dire essere sveglio davvero e non tornerai più indietro. Sentirai uno strano stupore e un'emozione di leggerezza e gratitudine. Capirai che quello spazio illimitato di libertà è sempre stato lì per te. Che da lì puoi partire per andare dove ti pare e puoi tornarci ogni volta che il tuo passato vorrà rimetterti in catene. Ti troverai a passare per quella strada dove una volta c'era un cinema dove davano sempre un solo film.

C'è ancora un manifesto sbiadito che mostra un protagonista pieno di sé e delle sue convinzioni che ricordi a malapena ma verso il quale, senza sapere perché, proverai un'infinita tenerezza.

Epilogo

Penso che ogni uomo e ogni donna siano dotati dalla nascita di potenti risorse interiori che li rendono cocreatori della loro realtà e non vittime di destini ineluttabili. Penso che fare l'elenco di ciò che non funziona, puntare il dito sulle colpe degli altri, lamentarsi, maledire e imprecare, perdere la fiducia e la speranza, non siano ricette per me e certamente non servono a modificare niente di quello che non va. Penso che se cadiamo anche molto in basso, come individui o come nazioni, possiamo sempre rialzarci, soprattutto se sappiamo chiedere aiuto. Penso che fare errori o subire dei torti sia inevitabile e faccia parte del gioco della vita, ma penso anche che siamo sempre in grado di cambiare il nostro modo di pensare e quindi di agire. Penso ci siano sempre più motivi per essere grati che per recriminare e autocommiserarci. Penso che il mondo sia un luogo sempre migliorabile, che prendendoci una piccola parte di responsabilità individuale possiamo avere società più giuste in cui vivere.

Queste semplici convinzioni sono ciò che mi ha fatto realizzare sogni impossibili e superare dolori e fallimenti che pure ho conosciuto. Ma soprattutto ispirano tutto quello che faccio, come lo faccio, perché lo faccio. Compreso condividere questi semplici pensieri che spero possano rendere migliori le nostre vite e soprattutto quelle di chi ci vive accanto.

Perché più persone vivranno con questa visione, meglio le cose andranno per tutti noi.

Ne sono certo.

RINGRAZIAMENTI

L'esistenza di questo libro si deve a una serie di circostanze e soprattutto di persone che il destino ha voluto collegare tra loro in modo sorprendente e insondabile.

Quando molti anni fa ho deciso di creare un blog chiamato *Il bicchiere mezzo pieno*, nel quale ho spontaneamente cominciato a collezionare pensieri e riflessioni su come avrei voluto che il mondo fosse, soprattutto per non soccombere a quello che spesso è, non avrei immaginato di dar voce a migliaia di persone anonime che in quei pensieri si erano riconosciute spesso con commozione autentica. Per molti di loro, come mi hanno scritto, anche un semplice testo ha rappresentato un conforto, per molti ancora una svolta, un improvviso cambio di direzione e un nuovo slancio nelle loro vite, causato da una nuova consapevolezza. Da qui l'idea di ampliare la condivisione della mia scrittura dal blog al libro.

Grazie dunque a ciascuno di questi anonimi compagni di viaggio. Siete stati anche voi il mio sostegno quando il senso sull'utilità di tutto questo poteva vacillare. Questo libro è dedicato a ciascuno di voi e spero vi tenga compagnia non solo sui vostri comodini, ma in qualsiasi luogo possa accompagnarvi nel viaggio della vostra vita che vi auguro sempre pieno di stupore.

Voglio poi ringraziare i lettori delle prime bozze, che mi hanno incoraggiato ad andare avanti. Tra questi mia moglie Roberta, mia sorella Susy e mio fratello Angelo, tra i lettori più attenti, competenti e severi che possa aspettarmi e di cui mi fido ciecamente; Toni Tommasi e Antonio Manzini, amici di una vita ma che sulla lettura non fanno sconti; Maria Rita Parsi che mi gratifica della sua stima e del suo affetto; le amiche dell'Agenzia Sosia Pistoia, Luisa Pistoia, Federica Remotti e Chiara Melloni.

Un ringraziamento speciale va poi a Rossella Panigatti, sorella incontrata sul cammino di una visione olistica, energetica e spirituale che condivido e senza il cui generoso intervento questa pubblicazione forse non avrebbe visto la luce, sicuramente non così presto.

E naturalmente un ringraziamento anche a te. Non so se riuscirai a mettere in pratica tutto quello che hai letto qui. Ma spero che questo libro possa farti compagnia per molto tempo negli attraversamenti complicati che certamente verranno perché tu ne esca più forte e felice a ogni passaggio.

Restiamo in contatto. Ora si può

La fine della lettura di un libro che mi è piaciuto, insieme alla gioia per averlo letto, ha sempre rappresentato per me un piccolo dispiacere per l'inevitabile separazione. Si è stabilito un misterioso rapporto di conoscenza e sintonia con chi lo ha scritto, e mi dispiace non potergli dimostrare la mia gratitudine.

Per questo, se siamo stati bene insieme, vorrei invitarti a restare in contatto con me, iscrivendoti alla pagina facebook **@albertosimone.net**, alla newsletter sul mio sito **albertosimone.net**, o seguendomi su instagram **@albertosimone_scrittore**.

Potrai farmi conoscere i tuoi apprezzamenti, come le tue critiche che mi sono utilissime. Potrai condividere con me quello che la lettura ti ha ispirato. Mi permetterai di informarti per tempo delle presentazioni, delle conferenze o dei workshop nella tua città. E se ti fa piacere potrò aggiornato sui miei prossimi progetti. Per continuare a crescere insieme.

IL NUOVO LIBRO DI

Alberto Simone

OGNI GIORNO UN MIRACOLO

IL RACCONTO DI UNA GRANDE RICCHEZZA:
LA CAPACITÀ SOLO UMANA DI ESTRARRE IL BENE DAL MALE, LE TANTE DIMENSIONI SPIRITUALI CHE TUTTI POSSIAMO SPERIMENTARE ANCHE QUANDO NON PRATICHIAMO NESSUNA RELIGIONE O NON CREDIAMO IN NESSUNA REALTÀ TRASCENDENTE.

« Alberto Simone ha il dono impagabile di farci sentire tutti migliori.»
Maria Rita Parsi

Fotocomposizione Editype S.r.l.
Agrate Brianza (MB)

Finito di stampare nel mese di luglio 2019
per conto della TEA S.r.l.
da Elcograf S.p.A.
Stabilimento di Cles (TN)
Printed in Italy